들꽃학교
문학시간

어느 노교사의 대안교육 에세이

이원구 지음

동연

들꽃학교
문학시간

2008년 7월 7일 초판 1쇄 인쇄
2008년 7월 11일 초판 1쇄 발행

지은이 | 이원구
그 림 | 들꽃학교 친구들
펴낸이 | 김영호
펴낸곳 | 도서출판 동연

편 집 | 조영균
디자인 | 김광택
관 리 | 이영주

등 록 | 제2-1383호(1992. 6. 12)
주 소 | 서울시 마포구 망원동 472-11 2층
전 화 | (02)335-2630
전 송 | (02)335-2640
이메일 | ymedia@paran.com
홈페이지 | http://www.y-media.co.kr

ISBN 978-89-85467-66-7 03370

들어가는 글

세월이 흔적을 지우기 전에

작년 겨울 을씨년스러운 동창회 입회식 날에 학부모가 된 제자와 어엿한 숙녀로 자란 졸업생들이 한 말들이 잊히지 않는다.

"저는 8회 졸업생 쑥부쟁이예요, 저는 10회로 청초한 비비추, 저는 15회로 노란 달맞이꽃, 저는 20회 어여쁜 금낭화, 저는 25회 귀여운 앵초, 저는 32회 외로운 홀아비꽃대, 저는 탐스러운 대학생 다알리아 꽃입니다."

졸업생들이 주로 들꽃으로 자기를 표현하는 모습을 지켜보면서 여인들은 저마다 다른 색깔과 모양과 향기를 지니고 있다는 것을 새삼 느끼게 되었다. 그처럼 개성이 강한 여인들이 나름대로 자유를 추구하고 있는데, 세 번이나 강산이 변한 세월 동안 내가 제자들의 자유를 위하여 인간과 문학을 제대로 가르쳤는지 번민한 밤이 많았다.

서당 개 삼 년이면 풍월風月을 읊는다고 나도 서울의 여학교에서 국어를 삼십 년이나 가르쳤으니 수천 명의 여인들에게 풍월 깨나 읊은 셈이다. 하지만 엄마도 가르치고 그 딸을 또 가르치는 감동을 맛보면서도 여인들은 참으로 알쏭달쏭하고, 이상야릇하다는 생각이 드는 것은 나이가 들어서야 비로소 여인의 아름다움을 좀 이해했다는 뜻이 아닐까. 그래서 또다시 수필집을 엮어 속내를 털어놓는다.

이 책의 첫째마당은 주로 문학을 사랑하는 소녀들의 아기자기한 이야기들이다. 십여 년 동안 학교 텃밭에서 들꽃을 기르면서 인간의 고귀한 감정을 이해하고, 반짝이는 정서를 가꾸고, 마음의 눈을 뜬 이야기들이다. 적어도 내가 꿈꾼 느낌학교에서 시와 소설을 쓰는 감성교육으로 자연과 사람을 사랑하는 이야기들이다.

이 책의 둘째마당은 여인들의 시와 편지들이다. 삼십여 년 동안 제자들에게서 헤아릴 수 없는 편지를 받았다. 하지만 미안하게도 답장을 거의 못 했다. 학교를 떠나면서 정이 많은 소녀들, 특히 내 주변을 맴돌던 문학소녀들과 서로 부대끼고 애달파한 이야기들을 중심으로 그리움과 아픔, 그리고 함께 성장하는 과정을 뒤적거려 보았다.

이 책의 마지막 마당은 여신들의 스펙트럼이다. 여인이라는 빛은 삶의 프리즘을 통과하면 무지개처럼 서로 다른 빨주노초파남보 색깔로 나타나기 마련이다. 이들 평범하지 않아서 불행한 여신이 된 여인들의 삶의 뒤 안을 엿보고 혹은 따져 보고, 이런저런 시를 섞어 슬픈 그녀들의 한을 무당처럼, 아니면 무슨 도인이나 되는 듯 읊조려 보았다.

이 책은 나의 제자들의 것이면서 정과 그리움이 많은 여인들의 것이다. 특히 삶을 사랑하고 문학을 꿈꾸었던, 지금도 꿈꾸는 사람들의 것이다. 되돌아보면 과거 사춘기 시절이 얼마나 순수하고 고귀한가. 그래서 더 아쉬운 것이지만, 지나 버린 과거도 우리들의 삶이다. 아니 어쩌면 더 귀한 보물 창고일 수 있다. 가끔 거기서 아기자기한 추억의 반지를 꺼내 손가락에 껴 보거나, 오래 된 학창 시절 낡은 책 속의 빛바랜 나뭇잎을 꺼내면서 그 과거의 배를 타고 아쉽고 서글픈 여행을 떠나 볼 수 있으니까. 아라비안나이트의 신밧드처럼.

지금은 마흔이 훌쩍 넘어 버린 제자들을 보면 세월이란 시냇물처럼 빠르기도 하고, 참 얄궂기도 하다. 이런 추억을 잊어버리기 전에, 그리하여 세월과 어둠이 우리들의 흔적을 지워 버리기 전에 책으로 묶어 세상의 햇빛 속에 내놓는다. 그리고 제자들의 손에 쥐어 준다. 학교를 떠나는 이제야 늦은 답장을 책으로 대신하면서 이 책에 등장하는 여인들, 그리고 감춰져 있어 더 소중한 여인들에게 멀리서 다시 한 번 애정을 보내며, 책을 내 주신 동연 식구들에게 감사 말씀을 드린다.

2008년 7월 금곡 골짜기에서 저자

글머리에

다음에 우리 얘기도 쓸 거죠?

특활 발표회를 하는 날 강당 발표를 관람하고 잔디밭에 내려오니 배 선생이 만화에 등장하는 인물들로 분장한 아이들의 모습을 카메라에 담고 있었다. 때마침 졸업하고 특성화 학교에 다니는 신혜가 눈에 띄어 배 선생 카메라 앞에서 함께 포즈를 잡았다. 내가 지은 책 들꽃학교에 들어갈 인물 사진이 필요했기 때문이다.

배 선생은 내 얼굴 표정이 풍부하다면서 선이 뚜렷하고 시원스런 신혜와 함께 사진을 여러 장 찍었다. 한동안 정다운, 하지만 어색하기만 한 자세로 사진을 찍고 난 뒤 나는 신혜에게 넌지시 말했다.

"참, 신혜야. 이번에 나오는 내 책 속에 너희들 이야기가 나오는데…… 너희들 1학년 때 다희, 수향이, 미선이, 누리와 함께 딸기를 캐서 판매한 일 기억하지? 그 이야기 속에 네 이야기도 한 구절 나온단다."

"예! 뭐라고 나오는데요?"

신혜는 기쁨을 감추지 못하면서 물었다. 신혜는 자기들 이야기, 특히 자기 이름이 나온다는 사실에 몹시 흥분하면서 돌아갔다.

그런데 출판사는 책의 표지 문제로 몹시 고민하고 있었다. 그러면서 혹시 아이들이 그린 야생화 그림이 있는지 물어 왔다. 그래서 미술과 이화진 선생에게 부탁하였더니,

"잘 됐네요. 3학년 학년말 실기평가로 무얼 할지 고민했는데……그런데 아이들은 실물을 보고는 못 그려요. 야생화 사진이나 그림을 보고 그리는 수준이에요." 하면서 선뜻 다음 시간에 바로 작업에 들어갔다. 나는 야생화를 아이들과 함께 기르고, 사진도 찍고, 또 아이들이 야생화를 그림으로 그린다는 것은 참 다양하고 풍부한 교육이라는 생각이 들었다.

일주일 뒤에 아이들이 그려낸 들꽃 그림을 골라 괜찮은 작품을 사진 찍으면서 나는 감탄했다. 여학생들이라 오밀조밀하면서도 정답고, 또 어떤 아이들은 정말 감각적이고 생동적으로 그림을 그렸던 것이다. 나는 작품에서 여자아이들의 모습을 떠올리고, 그 아이들마다의 개성을 느꼈다. 그것은 자기들이 좋아하는 꽃을 골라서 그린 자화상이 아니겠는가. 바로 자기 얼굴 말이다.

그렇게 쓸 만한 야생화 그림을 출판사에 보냈지만, 내 책을 받아보니 표지에는 배 선생이 찍은 내 얼굴만 흑백 사진으로 큼직하게 인쇄되어 있었다. 나는 좀 쑥스러워졌다. 책의 주인공이 우리 학교 선생님들과 아이들, 무엇보다 풀이라고 강조하였는데, 내 얼굴이 표지에 나와 좀 민망하고 귀찮아지기까지 하였다. 그리고 이 선생에게도 미안하였다.

"선생님, 미안합니다. 꽃 그림 지도하느라 애쓰셨는데……."

약속을 하였는데 지키지 못해 미안하고 아쉬웠다. 그래도 책이 퍼지자 퍽 흐뭇하고, 한편으로는 놀랄 만한 일들이 벌어졌다. 내 책 속에는 여러 선생님들과 학생들이 텃밭을 가꾸고 들꽃을 기른 이야기 가운데 꽤 많은 아이들 이름이 등장하는데, 그 사실을 알고 아이들이 흥분하고, 심지어 선생님들까지 들뜨기 시작했던 것이다.

내가 사진을 여러 장 찍었던 혜민이는 자기 얼굴이 책에 나왔느냐고 상담실에 찾아오기도 하였으며, 주리는 자기 얼굴이 사진에 나왔다면서 수업 시간에 소리를 질렀다. 또 덩치가 큰 3학년 정수란 놈이 지금이라도 자기 이름을 책 속에 넣어 줄 수 없느냐고 조르기도 하였다.

더구나 내가 담당한 교실에 들어가니 책을 구입한 아이들 대부분이 사인해 달라고 난리를 쳤다. 어떤 놈은 사인 옆에 사랑 표시를 열개만 해 달라고 조르기도 했다. 나는, '자연과 사람을 사랑하는 아이, ○○○' 라고 서명을 해 준 뒤에 원하는 하트를 그려 주었다. 또 시간이 없어서 '사랑 십 제곱' 이라고 했더니 좋아서 어쩔 줄 모르는 아이도 있었다. 푸른 테 안경을 쓰고 언제나 머리를 금방 빗은 듯한 멋쟁이 민희는 '전교 수석깜' 이라고 써 달라면서 역시 하트를 원했다. 그러면서,

"다음에 우리 얘기도 쓸 거죠?" 라며 다짐을 받는다. 번득 손에 닿은 전류처럼 찌르르 머리를 스쳐 지나가는 생각이 있었다.

'아, 자기들 이야기니까 그리도 좋아하는구나!'

아이들에게 사인을 해 준 뒤에 나는 '자연과 사람 사랑' 이라는 말뜻을 설명해 주었다. 예전에 비가 오는 날 목발을 짚고 다니는 친구에

게 우산을 받쳐서 건널목을 지나 집에까지 함께 가는 아이를 발견한 일이 있었는데, 그게 바로 훌륭한 사람이 아니겠느냐고. 헌데 알고 보니 그 아이는 늘 그 친구 가방을 들고 그림자처럼 함께 귀가한다는 것이었다……. 그런 이야기를 들려 준 뒤에 작가는 책을 내면 인세를 받는데, 나는 그 일부를 장학금으로 내놓겠다고 말했다. 아이들은 숙연해졌다.

알고 보니 아이들이 책을 많이 구입하고 사인해 달라고 요란을 떤 것은 바로 김영선 선생 덕이었다. 나와 함께 상담실에서 근무하는 김 선생은 한 권 사서 읽어 보고 추억으로 간직할 만한 가치가 있다고 아이들을 설득했던 것이다. 왜냐하면 자기들, 곧 우리들의 이야기니까.

'그렇구나! 우리들의 이야기 아닌가.'

이 책은 그렇게 아쉽게 흘러간 내용들을 다시 묶었다. 아이들의 이야기, 우리 시대의 이야기이기에 흘려보내기가 아쉬웠던 것이다. 또한 장마다 아이들이 직접 그린 그림을 실었다. 세밀화로 들꽃을 그린 책들이 많아서 그림 수준은 다소 뒤쳐질지도 모르지만 아이들이 표정이 살아 있는 꽃그림은 그 자체로 생동감이 숨 쉬고 있으니 전문가 그림에 못지않으리라. 이 책은 아이들 이야기이고, 아이들에게 바치는 책이다. 아이들이 꽃으로 장식해 주었으니 이루 고마울 데가 없다.

차 례

첫째마당 / 들꽃학교 꽃다지 문학소녀들

둘째마당 / 그리움이 묻어나는 여인들의 편지

셋째마당 / 여신들의 스펙트럼

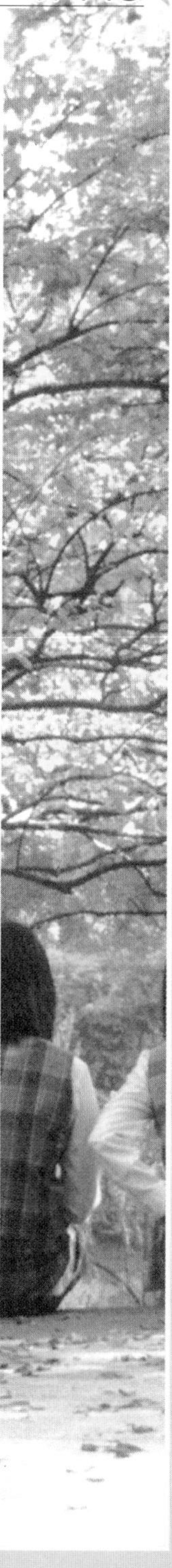

첫째마당

들꽃학교
꽃다지 문학소녀들

징그러운 벌레가 나비로 날다

들꽃학교 책이 나오자 내가 국어를 가르치는 2학년 아이들은 상기된 얼굴로 좋아들 했다. 아이들은 나를 무슨 탤런트나 가수처럼 유명인사로 여기면서 사인을 해 달라고 아우성이었다. 나는 좀 어이가 없었지만, 학년 말이라 수업 진도도 거의 끝나고, 마무리 단계여서 흔쾌하게 허락한 것을 보니 나도 좀 흥분했나 보다.

흥분한 듯한 아이는 또 있다. 지혜인데, 작년부터 그 애 이야기가 책에 나온다고 알려 주었을 뿐더러, 가을 글쓰기 시간에 그 원고를 읽어 주기도 했던 탓이다. 그런데 그 원고가 몽땅 빠져 버렸다. 내용이 너무 어렵다는 것이 출판사 측의 변명이었다. 나는 좀 미안하여 그 사실을 설명하고 책을 한 권 주었다. 그건 지혜의 어머니가 내 생일에 큼직한 양란 화분을 보내 주었기 때문이기도 했다.

"매력적인 딸과, 그렇게 길러 낸 엄마를 함께 가르친 행복에 감사하며……."

이처럼 쓰고 서명하여 책을 준 것은 내가 휘경에 와서 처음 담임한 학생 중의 하나가 바로 지혜 엄마이기 때문이었다. 엄마와 딸을 함께 가르친 셈이니 남다른 감회가 깊지 않겠는가. 더구나 2학년 때 내게 국어를 배운 지혜는 엄마처럼 공부도 무척 잘 하지만 글도 썩 잘 쓰니, 맹자 말대로 천하의 영재를 가르친 기쁨을 두 번이나 누린 셈이다.

하지만 엄마에게 받은 것이 그것만은 아니었다. 지혜는 자존심이 강하고 내성적이라서 쉽게 마음의 문을 열지 않는 것도 엄마를 닮았다. 더구나 학교에 드나들면서 시험 감독도 하고, 도서관 도서 정리도 하면서 얼굴을 비치는 지혜 엄마가 학년 초에 자기와의 관계를 비밀로 해 달라는 부탁을 했기 때문에 좀 복잡한 관계가 지속되었다.

어느 날 그 애가 국어 시간에 딴전을 피우고 말은 없지만 좀 반항적이기에, 그 애를 불러 비밀을 실토하고 마구 공격했다. 그 애 엄마에게 다소 미안했고, 차마 엄마의 담임을 했다는 말은 지혜에게 하지 못했지만.

"나는 네 엄마도 가르쳤어. 너 같으면 엄마와 딸을 함께 가르친다면 어떻겠니? 관심이 유난하겠니, 아니겠니? 너 나중에 너에게 관심을 가진 남자의 애정에 그렇게 반응할 것 아니냐!"

아직 어려서 좀 미안했지만, 마구 화를 내면서 속을 털어놓으니 시원하기도 했다. 하지만 그 애의 사과를 받아 내고 그럭저럭 관계를 회복하여 가면서도 어딘가 한 편으로 씁쓸했는데, 곁에 앉은 김송영 선생이 "그 애는 애정을 잘 받아들이지 못한다."고 일러주었다. 김 선생은 1학년 때 지혜에게 국어를 가르친 경험이 있었다.

'참, 그렇겠구나! 지혜는 너무 내성적이기도 하지만, 사춘기 땐 다 그런 것 아닌가.'

한데 3학년이 되자 지혜는 달라졌다. 지혜의 담임이고 학년부장인 장 선생 말을 들으니 회장을 맡아서 맹활약을 한다는 것이다. 아이들을 다루는 면에서 담임 일을 반쯤은 한다는 뜻이다. 하기야 2학년 가을 중간고사 직전에 공부를 웬 만큼 잘하는 아이들을 정하여 전체 친구들에게 요점 정리를 시키곤 했다. 그때 보니 지혜는 음성도 좋고, 간략하게 요점을 썩 잘 정리하여 주는 것이었다. 영특한 아이였다. 나는 물론 아이들에게 박수를 요구하고, 그걸 지혜에게 선물로 주었다. '참 잘한다.' 는 칭찬과 함께. 물론 좀 신경 쓰이는 관계는 여전했다.

그렇게 2학년이 지나고, 3학년이 되어서 심화 보충 시간에 그 애를 또 가르치게 되었다. 심화 보충 시간에는 주로 독서를 시키고, 그걸 독후감으로 쓰고 난 뒤 논술로까지 발전시키는 수업을 했는데, 수업 시작하면 인사를 받고 주로 독서와 관련된 질문을 던지곤 했다.

"박지혜, 통합적인 사고가 뭐야?"

"그러니까, 음— 국어랑, 과학이랑, 사회를 종합적으로 생각하는 거요."

지혜는 갑자기 받은 질문이라 좀 더듬거리면서 애매한 대답을 했지만 얼굴은 환하게 웃고 있었다. 나는 그 애가 웃을 때 아주 매력적인 얼굴로 변하는 것을 발견했다. 그래서 어느 날 그 애가 상담실에 왔을 때 장난을 치듯 말했다.

"애, 지혜야. 너 웃을 때 아주 매력적인데, 아빠 닮았지?"

"예. 그런데 커 가면서 엄마 얼굴이 나타난대요."

"야, 인마 혹시 아빠가 바람 피워 데려 온지도 모르니, 잘 조사해 봐라!"

자못 진지한 표정으로 던지는 농담에 지혜는 나를 빤히 바라보면서 묘하게 웃었다. 마음이 슬며시 열린 것이다. 내 술수에 넘어간 것을 알고 나는 만날 때마다, "박지혜는 아주 매력적인 여자야. 나중에 어떤 남자가 그 웃음에 미칠까?" 하고 빙긋이 웃으면 지혜는 환한 웃음을 보여 주었다. 공부 잘한다는 칭찬은 너무나 많이 들어서 신물이 날 테고, 예쁘다고 해야 대체로 여자들은 가장 좋아하고, 아직 어리긴 하지만 지혜도 여자이니 당연하지 않겠는가.

내 예감이 적중했다. 결국 관계가 좋아지고 지혜는 나와 친하게 지내게 된 것이다.

그런데 나중에 확인해 보니, 김빠지게도 이미 중학교에 들어올 때 엄마에게 내 이야기를 들어서 알고 있었는데, 여섯 명 국어 선생 중에서 설마 나에게 배울까 반신반의했다고 한다. 그러니까 지혜를 대할 때 내가 복잡했듯이 그 애도 마음이 좀 곤란했던 것이다. 나는 어수룩하게 그걸 몰랐을 뿐이다. 그저 사춘기 소녀라 그처럼 반항적으로 표현하는 것으로만 알았다.

어쨌건 이래저래 좀 묘하기도 한 관계가 지속되다가 들꽃학교 책을 내면서 '매력적인 아이' 라는 표현을 쓴 때문인지 내가 장난을 쳐도 잘 받아넘기는 사이가 된 것은 두고두고 생각해도 참 흐뭇하다.

더구나 지혜는 공부도 아주 뛰어날 뿐만 아니라 글도 정말 잘 쓴다. 독후감도 학교 밖 대회에서 상을 받은 일도 있고, 2학년 땐 단편소설까지 써냈었다. 벌레를 무서워하는 소녀가 어떤 조숙한 소년의 도움으로 아름다운 나비로 날려 보내면서 자기를 극복한다는 이야기였다. 헤르만 헤세의 〈나비〉를 배운 뒤이긴 했지만, 구성이 탄탄하고 심리묘사가 뛰어났다.

'나는 지혜에게 징그러운 벌레가 아니었을까?'

그럴지도 모르겠다는 허황된 생각도 들었다. 적어도 짓궂은 선생임에는 틀림없을 것이다. 틈만 나면 아이들과 장난을 치기도 하고, 얄궂게 골리기도 하고, 심하면 다가가 아이들을 꼬집기도 했으니 말이다. 그러면서 엄한 표정을 지은 채 점잖음을 요구했으니 아이들이 갈피를 잡지 못했을 것이다. 그러니까 2학년 때 소설을 쓴 지연이란 놈이 끝없이 접근하면서 무슨 말을 건네고 알씬거려서, '미친놈' 이라는 말을 던지기도 했으니 나는 좀 짓궂은 선생일 것이다. 그래도 이상하게 지연이는 그 말이 좋은지 늘 웃었지만…….

예민하고 내성적인 아이들은 나를 벌레처럼 징그러워했을지도 모른다. 어깨에 손만 대도 움찔하면서 싫다는 반응을 보이는 아이도 있었으니까.

나이 먹은 내가 유난히 문학소녀들에게 집착하는 것을 서구의 시각으로 본다면 어쩌면 괴물 같은 존재로 비칠지도 모른다. 그래도 지혜는 그처럼 징그러운 벌레를 나비로 부화시켜 주었으니 참으로 다행한 일이다. 인간들에게 어색한 관계를 풀거나, 단절된 관계를 회복하는 것은 서로에게 승화가 아니겠는가.

더구나 학년 말에 지혜는 교내 문학상에 〈안녕, 까치다리〉라는 단편 소설로 당선했다. 서울 변두리 어느 아파트에서 투신자살한 사람

애기똥풀은 '까치다리'로도 불린다. 독이 들었지만
한방에서는 약으로도 쓴다니 인간의 슬픔을 어루만지는
문학의 역할과 닮지 않았는가.

이 소나무와 단풍나무에 걸려 천만다행으로 살아났는데, 그 나무 아래 애기똥풀이 주인공인 소년의 아버지가 부부 싸움 끝에 내던진 화분에 맞아 죽어 간다는 단편 소설이었다.

다음날 아침 아파트 주민들은 일터로 나가면서 금이 간 화분 밑에 깔려 있는 작은 애기똥풀을, 아니 금이 간 화분 속의 봉선화를 발견했다. 봉선화를 힐끔 쳐다보고는 한껏 인상을 쓰고는 다시 일터로 걸음을 옮겼다.

"쯧쯧, 불쌍한 것, 봉선화가 어쩌다 그리 됐니?"

지나가던 잔소리 아줌마가 혀를 끌끌 차며 이야기했다. 사람들은 줄기에 상처가 나 노란 진물이 흐르는 말라 버린 애기똥풀은 눈에 보이지도 않았다. 새빨갛고 예쁘장한, 그리고 아무도 모르겠지만 베란다에서 탁한 공기를 마시며 갇혀 자란 봉선화에만 관심이 있었다. 애기똥풀은 그렇게 생명을 놓아 갔다. '까치다리'라는 예쁜 이름을 알지 못한 채로.

그 날도 해님은 아무것도 모른 채 따가운 햇살만 비추어 댔다.

외환위기에 맞물린 가정의 해체로 엄마와 떨어져 사는 외로운 소년이 역시 소외당한 애기똥풀을 까치다리라는 멋진 이름으로 불러 준 것을 보면, 지수는 내가 기른 야생화의 의미도 알아차린 모양이다. 그렇다면 생 텍쥐페리의 〈어린 왕자〉에서 왕자가 여우와 장미꽃과 친구가 되었듯 지수가 애기똥풀과 친하게 지내려고 시도한 것은 어쩌면 불편하고 역겨웠던 나와 화해를 시도한 것이 아니었을까? 왜냐하면 애기똥풀은 한방에서 고통을 가라앉히는 진통제로 사용되고, 문학은 슬프고 괴로운 인간을 감동으로 진정시키고, 혹은 꽃으로 승화시키기도 하는 힘이 있으니까 말이다.

오른발엔 파랑,
왼발엔 빨강 양말

예년보다 보름 정도 철이 빨랐다. 진달래가 너무 일찍 꽃망울을 터트렸다가 영하 10도를 넘나드는 미친 듯한 날씨에 얼어 버렸다. 하지만 날씨는 언제 그랬느냐는 듯이 시치미를 뗐다. 날이 다시 포근해지자 양지엔 민들레와 제비꽃, 그리고 별꽃과 꽃마리가 자잘한 꽃망울들을 터트렸다.

그런 3월 봄날 점심시간이었다. 배 선생과 식사를 마치고 산수유나무 앞에서 커피 한 잔을 마실 때였다. 산수유 작고 노란 꽃망울 속에서 아주 자잘한 암술과 수술이 꽃 밖으로 삐져나온 것을 눈 여겨 감상하는데, 배 선생이 내게 말을 건넸다.

"요즘 국어책은 재미가 없어요. 작품의 문학성이 떨어질 뿐더러, 대학 교수의 시가 아이들 작품보다 못한 게 있어요."

"…… 아이들에게 자신감을 심어 주려고 일부러 그런 모양이지요?"

나는 배 선생의 핀잔에 맞장구를 쳤다. 하기야 아무리 아이들 생활 가까운 작품을 골랐을망정 3학년에서 배우던 황순원의 〈소나기〉가 1학년 교과서에 실렸으니, 아이들이 그만큼 조숙해진 것을 인정한 셈인데, 특히 시는 예전에 비하여 질이 좀 시원찮은 편이다.

그래서 나는 이번에 2학년에 함께 들어가는 배 선생에게 심화 보충에 수록된 빅셀의 〈책상은 책상이다〉를 가르치자고 요청했다. 작품이 현대적이니 생 텍쥐페리의 〈어린 왕자〉나 까뮈의 〈이방인〉 등 프랑스의 실존주의 작가들과 관련시킬 수 있고, 무엇보다 소설 창작에 흥미를 가진 아이들에게 퍽 유익할 것이라고 토를 달았다. 배 선생은 흔쾌히 승낙했다.

더구나 3월 말쯤 오정희의 짤막한 단편 〈소음 공해〉에서 현대인의 고독을 짚었으니, 빅셀의 소설에서 아이들을 심화시킬 수 있는 찬스가 아니겠는가. 그도 그럴 것이 빅셀의 〈책상은 책상이다〉는 현대 프랑스 독거노인의 해학적이면서 정말 가슴 아픈 이야기이기 때문이다.

가족도 없이 도시 변두리의 아파트 꼭대기 층에 사는 노인이 반복되는 생활에 권태를 느껴 어느 날 사물의 이름을 바꾸기 시작하면서 놀라운 희열을 느끼지만, 끝내 사람들과 소통하지 못하고 더 큰 고독 속에 침몰해 간다는 줄거리다. 우리들의 노숙자나 독거노인들과도 가깝게 느껴져 가슴을 아프게 하는 작품이기도 했다.

"왜 책상을 침대라고 부르면 안 되지?"

소설 속의 노인은 분노를 느끼다가 마침내 '침대'를 '사진'이라고 바꾸고 사진 속으로 들어가는 부분부터 아이들은 흥미를 느끼며 눈이 반짝거리기 시작했다. 동화를 읽을 때처럼 비현실적인 세계로 몰입할 수 있기 때문이 아니겠는가.

'요놈들 맛을 좀 보여 주어야지!'

나는 판타지를 즐겨 읽으면서 힘겨운 현실을 도피하려는 아이들을 좀 혼내 줄 생각을 하고 그 노인처럼 혼자서 빙긋 웃었다.

"여러분! 여러분은 왜 오른쪽에 파랑 양말을 신고, 왼쪽에 노랑 양말을 신으면 안 되나요?"

"학교에서 금지하니까요."

"그렇다면, 선생님이 내일 오른발에 파랑 양말을 신고, 왼발에 빨강 양말을 신고 오면 무슨 일이 벌어질까요?"

아이들은 갑자기 눈이 휘둥그레지면서 꿀 먹은 벙어리가 되어 버렸다. 아마 그런 엉뚱한 생각을 한 번도 해 보지 않아서일 것이다. 그래서 더욱 아이들의 굳어져 가는 사고방식을 깰 수 있는 좋은 기회를 포착한 셈이다.

"우리들은 왜 똑 같은 색깔의 양말을 신고 장갑을 끼는 것일까?"

물을 끼얹은 듯 한참 잠잠하더니, 어떤 놈이 '조화' 라는 명쾌한 대답을 했다. 대번에 내 입에서 "누구냐? 과연 민아는 훌륭해!" 라는 칭찬이 터져 나왔다.

"그래. 고전적이지만 미의 기준이 조화, 균제, 통일이어서가 아닐까. 그런데 만약 쥐와 지렁이들이 자기들끼리 미인대회를 연다면 그건 미친 짓일까?"

"……."

"여러분은 쥐와 지렁이가 징그럽지만, 지렁이는 아주 잔인하기까지 한 사람이 더 징그러울걸. 그리고 지렁이들도 이쁜 놈 미운 놈이 있겠지, 그들 눈으로 보면 말야."

나는 그 미의식이 인간 중심주의일 뿐이라고 깨우쳐 주고 싶었던 것이다. 아이들은 뭔가 깊이 생각하는 표정이 뚜렷했다. 나는 2학년은 신입생 시절과는 전연 다르고, 어렵다고 강조해 왔다. 그래야 육체와 함께 정신이 성장한다고 윽박지르면서…….

이야기에 너무 심취하다보니 너무 급하고 어렵게 수업이 진행되는 듯싶었다. 다시 책 속으로 빠져 들어가기로 했다. 그런데 평소와 다르게 아이들은 30분이 넘어가는데도 잘 견디면서 숙연해지고 있다. 이상했다. 재미가 있는 것일까, 아니면 충격을 받은 것일까? 하여튼 노인이 자기 식으로 여러 사물의 이름을 바꾸어 버리자 소설은 위기 부분에서 동화의 세계처럼 다음과 같이 멋지게 전개되었다.

> 아침이 되자 이 나이 많은 남자는 한 동안 사진 속에 누워 있었다. 아홉시가 되자 사진첩이 울렸다. 그 남자는 일어나서, 발이 시리지 않도록 옷장 위에 올라섰다. 그는 자기 옷들을 신문에서 꺼내 입고 벽에 걸린 의자를 들여다보고, 양탄자 앞 시계 위에 앉아 자기 어머니의 책상이 나올 때까지 거울을 뒤적거렸다.

이처럼 이상야릇한 표현이 되어 버렸다. 아이들은 정말 재미있어 하여 내 지시에 따라 큰 소리로 합창을 하면서 신나게 다시 읽었다.

"이건 정말 멋진 시가 아닐까? 이상야릇하고 기상천외한 현대시 표현이 피카소의 추상화나 샤갈의 그림처럼 비현실적이지 않아?"

나는 뒤틀리거나 괴상한 입체로 추상화된 피카소의 그림들을 예로 들어주었다. 그리고 초현실주의자 샤갈의 작품에선 공동묘지에서 밤에 연인들이 하늘을 날기도 하고, 염소 배 속에 고향과 집, 그리고 사람들이 보이는 것을 상기시켰다. 문제는 소설 속의 노인의 표현은 의미가 통하지 않는 데 있다는 것도 짚어 주었다.

"그렇다면 노인이 이상해지고 있는 걸까? 이상異常이란 보통과 다르다는 뜻이야. 정말 정신이상자가 되어 갔던 것일까?"

"……."

나는 신이 나서 정신이상자를 재미있게 설명하기 시작했다. 바로 내가 즐겨 하는 '미친놈들' 이야기다.

"미친놈들은 말야. 오른쪽 뺨이 가려운데, 왼쪽 손으로 자기 뺨을 긁는다는 거야. 한 번 긁어 봐!"

아이들은 너도나도 팔을 돌려 왼쪽 뺨을 긁었다. '그만 해라' 라고 제지하지 않으면 언제까지 긁으면서 장난칠 기색이라 곧 중지시켰다.

"다음에, 미친 사람은 비가 오는데, 꽃밭에 물을 준단다. 또 식사를 할 때 우리들은 밥과 반찬과 국을 섞어서 맛있게 먹지 않아? 헌데, 미친 사람은 밥만 마구 먹다가, 싱거우니까 반찬만 또 줄곧 먹는다는 거야. 그래서 짜니까 또 물만 먹는다는 거지."

아이들은 죽어라고 웃었다. 나는 정신 이상자異常者는 보통 사람에 비하여 약간 이상하다는 것을 지적해 주었다. 그리고 바로 아이들의 급소를 찌르기 시작했다.

"그런데 말야. 그 미친 사람들은 우리들과 조금 다를 뿐이야. 그 사람들도 봄비가 온다는 것, 싹을 내려고 한창 물이 필요한 봄에 식물, 특히 풀은 비를 맞아야 한다는 것은 알고 있어. 헌데 비가 오면 물을 줄 필요가 없다는 것을 모를 뿐이란다……. 여러분은 어때? 우리들은 모두 이상한 짓을 가끔 하거든."

나는 곁에 앉은 아이의 어깨를 툭 건드리면서, 정숙이는 공부는 안하면서 성적표를 받으면 슬프게 울고, 은미는 친구 성적이 오르면 배가 아픈 아이라고 예를 들어 주었다. 애먼 아이들이 걸려들어서 자기는 아닌 듯 어깨를 움찔하지만 양심을 찌른 이야기라 꼼짝 못한다. 그래서 또 다시 물었다.

"이 반 공주병이 누구야?"

아이들은 동시에 '순지'를 가리키며 깔깔거렸다. 그 애는 자기는 아닌 듯 다른 애를 가리켰지만, 계면쩍은지 얼굴이 발그레하게 바뀌며 비죽이 웃었다.

"괜찮아. 사춘기 때는 누구나 약간의 공주병, 곧 자기도취에 빠지는 법이야. 문제는 병이 될 정도로 거울을 본다는 것인데, 코가 뚜렷하게 형성되는 고등학생 때 미인인지 아닌지 판가름 나는 거야……. 사춘기 때는 다 예쁜데 자기만 예쁘다고 착각하는 거란다. 그게 심하면 병이 되고 말아."

"그런데, 뒷산에 아담이 있지?"

"예—"

아이들은 신나는지 소리를 질렀다. 아이들은 이상하게 학교 뒷산에 가끔 출몰하는 정신이상자들을 몹시 보고 싶어 했다. 그걸 나는 잘 알고 있었다. 그래서 뒷산 바위에 붉은 페인트로 '나는 왕이다.'라고 쓴 사람이 있는데, 그는 공주병처럼 과대망상자라고 설명해 주고, 자꾸만 귀신이 나타난다고 붉은 끈을 나무들 둘레에 둘러치고 가을인데도 그 가운데 바위에서 이부자리를 펴고 잠을 자는 사람은 어쩌면 피해망상자라면서, 자기를 너무 괴롭히지 말라고 타일러 주었다. 병이 될 수도 있으니…….

내가 제 흥에 겨웠는지, 어느 새 이야기는 삼천포로 빠지고 한 시간이 훌쩍 지났다. 결국 미친 사람과 우리들의 차이는 그 이상한 행동이 계속적이냐, 잠시 동안이냐에 달렸다면서 결론을 맺었다. 교무실로 돌아오며 '너무 깊게 들어갔나?' 하는 생각을 했지만 처음으로 한 시간 동안 강의식 수업을 한 셈이고 아이들도 재미있어 하니 기분이 상쾌했다.

다음 시간이었다. 그날은 소설 속의 노인이 마침내 방에 틀어 박혀서 사람들을 만나지 않게 되고, 바꾸기 전의 단어들까지 잊어버렸을 뿐더러, 마침내 사람들과 대화를 할 수 없을 지경까지 도달하고 만 절정과 결말 부분을 배울 차례였다. 하지만 그 노인은 사람들을 생각하면 웃음이 나와서 참을 수 없게 됐다는 점이 깊은 의미가 있었다. 그런 집착과 고립의 절정을 거친 결말이 너무 애처로운 것은 선생이건 아이들이건 마찬가지였다.

"여러분, 헌데 노인은 왜 웃었을까요?"

"……."

"여러분이 만약에 빨강색을 파란색이라고 바꾼다면 건널목에서 무슨 사건이 생길까? 차에 치어 죽는 거지. 또 아빠가 자주 술에 취해 잔소리를 한다고 여러분이 오늘 밤에 아빠의 종아리를 때린다면 무슨 일이 벌어질까?"

"하하하하하— 하핫 하하하."

아이들은 상황 설정만으로도 신기한지 한없이 웃었다. 나는 교통 신호의 색깔이나 언어는 사회적인 약속인데, 노인은 그걸 깬 것이라고 설명해 준 뒤에, 이어서 '오늘 집에 가서 연애한다고 엄마에게 오십만 원만 달라' 고 해 보라니 아이들은 배꼽을 뺐다. 나는 웃음이 그치기를 기다려 말을 이었다.

"여러분, 다음 시간에 여러분의 국어 선생과 함께 장안동 은행으로 돈을 털러 가면 무슨 일이 벌어질까요?"

"감옥에 가요!"

"그러면 여러분이 아빠와 결혼하면 안 되는 것은 왜 그럴까? 어릴 때는 그처럼 말했잖아?"

"……."

"식물은 한 꽃송이 속에 대개 암술 수술을 다 간직하고 있는데, 최대한으로 자가 수정을 피한다고 그래요. 여러분이 아빠나 오빠와 결혼하면 천치나 정신이상자가 나올 가능성이 많다는 거지. 그리고 무엇보다 법이 금지하는 거야. 하지만 어른에게 인사를 안 했다고 경찰이 잡아가나? 그건 바로 관습이고, 도덕이라고 할 수 있어요. 그런 점에서 관습과 도덕은 평범하면서도 진리인 속담과 비슷한 점이 많지 않아?…… 앞으로 다시 돌아가서 이 소설의 작가는 노인을 통하여 세상 사람들의 무엇을 비웃었을까요?"

"……."

나는 그리스의 디오게네스와 알렉산더 일화를 예로 들어 주었다. 2500년 전 사람들에게 미친 듯이 보였던 디오게네스는, 알렉산더가 제의한 돈, 명예, 지위 등 세속적인 보물을 거절하고 햇볕을 쬐고 싶다고 한 이야기를 아이들은 귀를 쫑긋 세우고 들었다.

"통 속에 사는 디오게네스는 세속적인 욕망을 추구하는 세상 사람들을 비웃으면서 대낮에 등불을 켜고 거리를 돌아다녔다는데, 등불은 무얼 상징할까요?"

나는 세상을 밝히는 지혜를 뜻하는 것 같다고 가르쳐 주고, 좀 어려운 프랑스 실존주의자였던 까뮈의 〈이방인〉으로 방향을 틀어 나갔다. 1960년대 우리나라 청년들에게 많은 자극을 주었던 소설임은 나이 많은 국어 선생들은 다들 잘 알 것이다.

"뫼루소우라는 청년이 햇빛이 너무 자기를 짜증나게 해서 사람을 총으로 쏘아 죽였다는구나!"

눈이 휘둥그레지는 아이들에게 나는 그 자초지종을 설명했다. 경찰이 그 뫼루소우를 체포하여 취조해 보니, 그는 어머니가 죽어도 슬퍼하지 않고, 장례를 치른 다음날 애인과 함께 바다에 가서 즐기다가 살인을 한 것이었다. 물론 정상참작도 받지 못해서 사형 선고를 받았지만, 무신론자인 그는 반성도 않고 신부로부터의 고해성사도 거부한 채 분노에 떨면서 부조리한 세상을 하직하고 말았다고 말이다.

"햇빛이 짜증나서 사람을 죽일 수 있을까? 그런데, 제목을 이방인 異邦人이라고 한 이유가 뭘까? 그리고 작가는 어떤 인간을 탐구한 것일까, 그리고 〈책상은 책상이다〉의 작가는? 또 갈등을 어떤 방식으로 해결한 것인가요?"

1	2
3	
4	

인간들은 개 또는 지렁이와 서로 이방인이 아닐까? **개미와 민들레**[1], **분꽃과 거미**[2], **사마귀와 개쉬땅나무**[3], **청개구리와 왕원추리**[4]가 서로 이방인이듯 말이야. 우리가 다른 나라의 풍습과 종교를 잘 이해하지 못하듯이.

쏟아지는 내 질문에 기가 질렸는지 아이들은 눈만 멀뚱거렸다. 어려운 문제지만 이해하는 놈들도 있긴 있을 것이다. 다만 나는 이제 사춘기 2학년 여학생에게 인생의 비밀을 좀 알려 주려고 신선한 충격을 주고 싶었을 뿐이다. 그러면서,

"인간들은 개 또는 지렁이와 서로 이방인이 아닐까? 개미와 민들레, 분꽃과 거미, 사마귀와 개쉬땅나무, 청개구리와 왕원추리가 서로 이방인이듯 말이야. 우리가 다른 나라의 풍습과 종교를 잘 이해하지 못하듯이."

라고 아이들을 깨우쳤다. 너무 자기 집착에만 빠져 있는 인간들은 예나 지금이나 세속적이고 관습적인 삶을 살고 있으니까 말이다.

아이들은 헷갈렸을까, 아니면 무엇인가 터득했을까? 궁금하다. 하지만 선생이란 깨우쳐 깨어나게 하는 사람이 아니던가?

'벌레가 하늘을 날기 위해서는 자기 번데기의 껍질을 깨는 아픔이 따르고, 발상과 시각의 전환이 필요하지 않겠는가.'

왜 선생님을 보지 않니?

1학년 때 신입생답지 않게 은영이는 얼굴이 좋은 아이였다. 가정 사정이야 잘 모르겠지만 나는 그 애 얼굴에서 신사임당을 느꼈다. 이해력도 풍부하고 성품이 따뜻한 애였지만, 무엇보다 기품이 있었다. 그래서,

"은영이는 참 좋은 얼굴이구나! 조용한 모란꽃 같구나."

라고 칭찬하며 자주 눈길을 보내면서 관심을 가졌더니, 학년을 마치면서 편지를 보내왔다. 내가 자기를 좋아하는 줄 알았고, 그러다 보니 자기도 모르게 나를 좋아하게 되었다는 것이다. 짜식……. 그러더니 2학년 여름방학 숙제로 두툼한 단편 소설을 써 왔다. 내가 먼저 읽은 뒤 그 반 평론가들에게 평가와 심사를 맡기면서 말했다.

"은영이 소설 좀 봐라. 얼마나 열심히 썼니? 선생님을 좋아해야 공

부가 잘 되는 법이라고 늘 내가 말했지. 단점보다 장점을 찾아야 한다고……. 그렇다고 은영이처럼 나를 너무 좋아하면 안 돼!"

아이들은 얼굴이 빨개진 은영이를 쳐다보면서 깔깔깔 웃었다. 그러면서, "내가 매력적이지 않니?" 하고 이어지는 게 나의 십팔번이었다.

'그렇구나. 나이 회갑에 나는 지금도 아이들, 특히 글 쓰는 소녀들과 연애를 하고 있는 모양이구나.'

이런 생각에 나는 빙그레 웃음이 났다. 그리고 그런 사실을 여선생들에게 실토했다.

"그러다 또 싸우겠네요?"

여선생들, 특히 나와 친하기도 하고 가끔 아이들 문제를 상담하는 양호실 영실 선생은 늘 내가 아이들과 연애를 한다고 여기고 있었기 때문이었다. 그런 아이들이 간혹 있었다.

한 번은 어떤 아이가 오랜 동안 수업 시간에 나와 눈도 마주치지 않기에 불러서 상담을 했더니, 내가 좋아서란다. 어처구니가 없었지만, 그런 애가 또 있었다. 바로 하란이였다. 3년간 문예반을 따라다니다가 대학의 국문과에 가서 시를 쓰고 있는 하란이, 나는 그 애의 결혼식 주례까지 서 주었다.

문예반 시간이었다. 하란이가 나를 쳐다보지 않기에 일부러 '박하란'을 '김하란'이라고 부르자, '박하란'이라고 수정하면서도 고개를 들지 않았다. 어떤 시를 설명하는 시간이었는데, 나를 못 견디게 보고 싶어서 그처럼 끙끙거리면서도 쳐다보지 않는 이유를 아직까지 잘 모르겠다. 자존심을 건드렸거나, 아니면 무슨 상처를 준 것이 틀림없다는 짐작은 하지만……. 어쩌면 하란이는 산속 외진 곳에서 고개 숙인 나리꽃이나 외로운 홀아비꽃대일지도 모른다.

또 있다. 지금 가르치는 2학년 주현이도 언제부터인지 교실 안이건 밖이건 가능하면 나를 쳐다보지 않는다. 나는 그 애에게 관심을 가지고 있는데……. 그것은 부모님과 떨어져 동생과 자취를 하는 그 애가 안쓰러워서다. 그리고 어느 날 연극 배역이 정해지지 않기에 아이들에게 '불여우'를 추천하라니까 주현이를 지목했다. 들어 보니 목소리도 청아하고, 감정 표현도 퍽 풍부하여 배역을 잘 소화해 내는 것이 아닌가. 물론 칭찬을 아주 많이 해 주었다.

그런데 어느 날 내가 텃밭에서 너무 무성하여 이제 점령군이 되어 버린 별꽃이랑, 쇠어 버린 돌나물, 노란 꽃을 피우고 여기저기 거머리처럼 번져 나가는 뱀딸기를 뽑고 있을 때 주현이가 찾아왔다. 소설을 쓰고 싶단다. 구상하고 있다는 내용을 들어 보니 어떤 천재적인 음악가의 환상적인 이야기였다. 나는 김동인의 단편 소설 〈광화사〉와 〈광염 소나타〉, 그리고 조선 때 유명한 화가 장승업을 소재로 만든 영화 〈취화선〉을 소개하면서 자기 현실을 바탕으로 상상하라고 충고해 주었다. 그런 뒤에 작품이 완성되기를 기다리고 있는데, 어느 날부터인지 외면하고 나를 쳐다보지 않았다. 나는 궁금하고 불편하여 고개를 푹 꺾고 지나가는 그 애를 불러 살짝 떠보았다.

"주현이는 귀신하고만 노는 아이인가 봐! 고개 숙이고……."

"쳐다볼게요, 선생님."

그래도 너무 수줍어하는 이유가 몹시 미심쩍어 국어 시간에 그 애가까이 서성거리다가 어느 날 수첩을 보게 됐다. 그곳에는 '원구! 대하고 싶어.' 라는 낙서가 있는 것이었다. 한데 마음을 들키고 무안한지 그 애가 고개를 젖히고 웃는데, 그 소리가 아주 낭랑하고, 품위 있는 여인의 웃음이었다. 잘 익은 웃음……. 나중에 알고 보니 방송 반이었다.

나는 아이들을 완고하다 싶을 정도로 고집스럽게 가르친다. 속사정이야 어떻든지 아무리 수업 시간이라도 눈에 거슬리면 대번에 야단을 치고, 끝내 버릇을 고쳐 준다. 그래서 오래도록 불편한 아이들, 또는 반항하는 아이들과 자주 다투기도 했다. 그것은 편집광적이고 일종의 반어적인 편애겠지만, 나는 예술이나 문학에 재주가 있는 아이들을 아꼈고, 또 그런 아이들의 꿈을 키워서 꽃 피워 주고 싶었던 것이다.

그처럼 2학년 때 새로 만난 현정이, 지원이, 상아, 유정이, 지현이, 정인이, 지은이, 수민이 같은 애들이 여름방학 숙제로 소설을 써냈다. 그중 현정이는 가난에 찌든 아이의 고독과 방황을 아주 적나라하게 그렸는데, 내가 좀 손을 보아 문학상에 응모하여 좋은 평가를 받았다. 소설 속의 슬픈 사정이 그 아이에게 엿보여 안쓰러웠기 때문일 것이다. 수민이는 백일장 수필이 좋기에 좀 늘리고 고쳐서 학교 문학상에 응모했는데 최종 본선에까지 올랐다. 대견했다.

그리고 1학년 때 소설을 쓴 아이 중에 은영이 외에도 희린이, 지연이, 그리고 지인이를 다시 만났다. 2학년에서도 국어를 또 가르치게 된 것이다. 지금도 동화를 좋아하는 희린이는 1학년 때처럼 비현실적인 소설을 그려 왔고, 할 말이 무지하게 많은 지연이는 단편을 장편같이 써냈고, 지인이는 현대 핵가족의 문제점을 소설화했다.

'아이들은 조금만 건드려 주면 꽃봉오리처럼 금방 터진단 말이

야!'

나는 중학교 소녀들이 단편 소설을 써낸다는 사실이 마냥 놀랍기도 하고 신기하기도 했다. 그것은 아이들이 영화나 텔레비전 드라마 등에 심취한 탓이겠지만, 그만큼 할 말이 많다는 암시가 아니겠는가. 그리고 고등학생에 비하여 아무래도 입시에 덜 시달려 시간이 있기 때문일 것이다. 그래서인지 30년 가까이 계속해 온 문학상에 거의 해마다 소설 부문 당선작이 나왔다.

그런데 금년에 나는 어린 소설가를 발견했다. 2학년 때 처음 만난 진송이였다. 진송이는 1학기 국어 시간에 별 흥미도 없는 듯 자주 손톱을 매만지면서 공상에 빠지더니, 여름방학이 끝나자 소설을 써냈다. 나는 진송이에게서 놀라운 구성력과 언어 감각을 발견하고 흠칫 놀랐다. 대학을 휴학한 오빠가 집에서 게임이나 하며 8개월간을 빈둥거리면서 자기와 노닥거리다가 군대에 가는, 슬프고 가슴 아프고 찡한 이야기를 뛰어난 구성력으로 표현해 낸 것이다.

우리는 가벼운 화장을 하고 사진을 찍으러 스튜디오에 와르르 들어갑니다……. 그러는 사이 차는 어느 새 동네 미용실 앞에 멈추어 섭니다……. 긴 머리를 원숭이마냥 싹둑 자르고 나자 오빠는 인상이 한결 달라져 있지요. 하지만 우리 가족은 아무런 말도 안 한 채 차를 타고 조용히 집으로 돌아옵니다. 집에 들어서자 우리들은 서로 무슨 일이 있었느냐는 듯 조용히 자신의 방으로 들어가 꼭꼭 문을 잠급니다.

나는 내 방에 와서야 오빠가 내일이면 떠난다는 사실이 진실로 피부에 다가옵니다.

"히잉……."

"밥 먹어!"

엄마의 말에 후딱 교복을 갈아입고 부엌으로 뛰쳐나가자 이젠 코에 익어 버린 노릿노릿한 고기 내음이 풍깁니다. 내 자리에 앉자 여느 때처럼 식사가 시작됩니다. 아빠는 술을 드시고 엄마는 아무 말도 없이 밥을 둠쑥둠쑥 드시고 나와 오빠는 투닥거리고. 하지만 나는 알아요. 지금 우리가 얼마나 어색히 밥을 먹고 있는지요.

진송이가 쓴 글을 읽고 내 입에서 '소설가'라는 칭찬이 터져 나왔음은 물론이다. 알고 보니 평소에 인터넷에 자주 드나들어 주로 판타지 소설과 논단다. 더 반가운 것은 진송이의 달라진 수업 태도였다. 몸의 자세가 조금 앞으로 나오고, 느낌표처럼 엇비슥한 고개, 그리고 눈이 초롱초롱 빛나는 것은 열심히 듣고 있다는 뜻이다. 진송이의 귀가 쫑긋하고 크게 열린 것이다. 자기를 인정해 주는 내 칭찬 때문이었을 것이다.

나는 회심의 미소를 지으면서 그런 진송이에게 관심을 기울이고 잘 관찰해 보니, 무용반 애들이 몸으로 말을 하듯이 그 애도 숙성한 애였고, 목소리가 그 애 넉넉한 몸처럼 풍성하면서도 맑았다. 저절로 정감이 울려 나오는 아이였던 것이다. 그 후로 그런 정이 가득한 행동이 드러났다.

어느 날 그 반 컴퓨터 책상에 앉아서 요가를 가르치다 유리가 깨지면서 손을 다쳐 피가 꽤 흘러나왔는데, 그 애가 달려 나오더니 놀라서

진송이는 환하게 웃었다. 복스러운 얼굴이 무척 매력적이었다. 풍성한 모란꽃이나 큼직한 불두화처럼. 나는 아픈 현실을 똑바로, 그리고 깊게 보기를 바랐다. 당당히 고개를 치켜들고 환하게 밝아지는 꽃이 되기를 …….

어쩔 줄 몰라 했다. 내가 짐짓 태연한 척하면서 앞자리에 앉은 아름이를 시켜 양호실에 가서 밴드를 가져오라고 했더니, 진송이는 시키지도 않았는데 깨진 유리 조각을 비로 쓸어 담는 것이었다. 놀라운 반응이었다. 저를 아껴 주는 남자 선생에 대한 여성의 본능적인 모성애의 발로가 아니겠는가.

그 뒤 진송이는 가을 백일장에서 산문부 장원도 했고, 뛰어난 착상으로 콩트 식 글을 금세 구성해 내기도 했다. 2학년 교과서 마무리는 '창작의 즐거움' 이고, 학생 작품도 두어 편 선보이고 있어, 그걸 본떠 모두에게 소설 구상을 시켰더니 진송이는 금방 작업해 내는 재주를 보였다. 그리고 방학식 할 무렵 상담실에 오더니, 자기 구상을 소설로 써도 괜찮은지 물었다. 아직 어린 데도 주제는 '행복한 결혼은 사랑으로만 시작하는 것이 아니다.' 였다.

"헌데, 너 무용반 아니니?"

"3학년까지만 할 거예요!"

그러면 한 번 써 보라면서 나는 단편 소설집을 주었다. 김인숙, 유시민 등 좀 현대적이고, 사회성이 있는 작가들의 소설집을 건네면서 좀 깊이 있는 소설을 읽도록 권유했다. 진송이는 환하게 웃었다. 복스러운 얼굴이 무척 매력적이었다, 풍성한 모란꽃이나 큼직한 불두화처럼……. 그처럼 탐스러운 소설가가 될 수 있을까.

"진송아. 가을에 나무가 잎을 왜 떨어뜨리니?"

"……."

"겨울 때문이란다. 겨울나무처럼 가난하게 사는 이웃들의 슬픔과 고통을 알아야 훌륭한 작가가 될 수 있는 법이다. 가난하지만 봄이 올 것이라는 희망을 잃지 않고 말이지……."

나는 진송이에게 나무를 이야기했다. 겨울나무에 담긴 철학을 말해 주었다. 그래서 진송이만이 아니라 문학을 사랑하는 아이들에게 세상이 결코 달콤한 꿈처럼 아름답지만은 않다는 것을 가르쳐 주고 싶었다. 아이들이 환상 같은 동화나 현실을 도피하려는 판타지에서 벗어나, 아픈 현실을 똑바로, 그리고 깊게 보기를 바랐다. 당당히 고개를 치켜들고 환하게 밝아지는 꽃이 되기를…….

어린 몽상가 다혜의 슬픔

작년 백일장 최종 결선에 올라온 작품 중에 지적인 우화를 써낸 아이가 있었다. 상자 하나엔 1억 원의 돈이 들어 있고, 다른 상자엔 죽음이 들어 있는데, 그중 하나를 선택하는 내기를 악마와 벌이는 이야기였다. 주인공은 줄곧 행운의 상자를 골라 평생 마음껏 쾌락을 누렸는데, 마지막에 악마가 나타나 원래부터 죽음의 상자는 없다는 충격적인 고백을 듣고 삶의 참뜻을 깨닫는다는 수필이었다. 괴테의 〈파우스트〉를 살짝 흉내 낸 작품이지만, 1학년 작품치고는 너무 조숙한 듯했다. 이 세상에는 쾌락보다 더 소중한 것이 있다는 것을 알기 때문이었다.

며칠을 생각해 보아도 좀 이상하여 제목을 주고 다시 글을 써 오라고 했더니, 놀랍도록 환상적이고 아름다운 글을 써 왔다. 눈이 내리는 날 골목길에서 젖니가 빠지는 경험을, 흩날리며 떨어지는 벚꽃 잎으로 표현하면서 유년기를 벗어나는 슬픔과 고통, 그리고 성숙의 아름다움을 회상한 수필이었다.

아무래도 또 본뜬 것 같은 느낌이 들었다. 그 애를 텃밭으로 다시 불렀다. 범나비가 팔랑거리면서 벌개미취 꽃 여기저기 앉았다 날아다니는 가을날 오후였다. 푸르스름한 취나물 꽃도 바람에 흔들리고, 쑥부쟁이도 희미한 미소를 짓고 있었다.

이윽고 나타난 아이는 그날따라 유난히 또랑또랑하게 보였다. 내가 가르치지 않아 그 애의 자세한 내막을 알 수 없었지만, 주로 뛰어난 표현을 지적하면서 무슨 뜻인가를 물어보았다. 아이의 대답을 들으면 표절인지 아닌지 오랜 경험으로 알 수 있기 때문이었다.

그처럼 텃밭, 눈이 따가운 단풍나무 밑에 놓인 의자에 함께 앉아서 이것저것 질문해 보니 아무래도 그 애 자신의 경험 같았다. 아니, 판타지를 즐겨 본다니, 어쩌면 그런 환상 속의 장면을 흉내 낸 것인지도 몰랐다. 그래도 완전 표절은 아닌 것 같아서 통과시켰다. 이름표를 보니 다혜였다.

"다혜야, 너 참 예쁘게 생겼구나."

"예? …… 그런 말은 처음 들어서……."

"너 소설을 한 번 써 보지 않으련? 교내 문학상 응모 광고 보았지?"

그 애 수필이 극적이고 묘사적이어서 소설을 쓰라고 권유해 보았는데, 주로 똑똑하다는 칭찬만 듣다가 예쁘다는 칭찬을 들어서 당황했는지, 아니면 무슨 다른 이유가 있는지 한참 주저하더니, "공부해야

지요." 하면서 거절하고 돌아갔다. 나는 그게 또 미심쩍었다. 백일장 작품은 교지에 실리니 잘못하면 국어 선생들이 망신을 당하는지라, 소설을 보면서 표절을 확인해 보고 싶었는데, 싫다니 어쩔 수가 없었다. 그 애에게 국어를 가르치는 배 선생에게 물어보니, 시건방지고 기복이 심하지만 성적도 웬만하다는 것이었다.

그렇게 넘어갔는데, 2학년 국어 첫 시간에 내가 담당한 7반에 그 애가 앉아 있는 것을 발견했다. 조각처럼 단아한 얼굴이고, 웃을 때 가지런한 이빨이 선명하게 드러나는데, 한 마디로 개성이 또렷했다.

눈에 띄는 데다, 그 애는 내가 전체 아이들에게 무엇을 물으면 쏜살같이 대답을 하는 것이었다. 둘째 줄에 앉아서, 눈 꼬리가 조금 위로 올라간 눈으로 나를 뚫어져라 응시하면서 말이다. 참으로 머리 회전이 빠른 아이였다. 독서도 많이 한 모양이었다. 그러나 나는 그런 아이를 경계하는 편이다. 영민함이 오히려 둔함만 못하다는 것을 세월에서 배웠기 때문이다.

"다혜야, 한 발짝 늦게 대답하렴! 다른 친구들도 생각할 기회를 주어야지."

나는 타이르듯 말했다. 그 애는 얼굴을 붉히면서 다음부턴 조용했다. 하지만 입을 오물거리며, 몹시 대답을 하고 싶어 하는 기색이 역력했다. 다행히 아이들 자리를 순환하는 모양인지 뒷자리에 앉아서 그런 대로 즉시 대답을 하여 수업을 김빠지게 하고 맥을 끊는 일은 뜸해졌다.

그처럼 다혜는 나와 깊고 끈끈한 관계를 맺어 가고 있었는데, 여름방학이 지나고 9월이 되자 가을 백일장이 다가오면서 또 한 번 나를 놀라게 하는 작품을 써냈다. 대부분의 아이들이 글을 쓰는 것보다는 노는 것이 신 나는 게 백일장인데 말이다.

백일장에 대해 이야기하자 아이들은 떠들면서 물어댔다.

"이번 백일장은 어디로 가요?"

"어린이대공원이다. 좋은 글은 자기를 고백하는 것이라고 강조했지? 비밀을 털어 놓듯이, 아주 진실하고 솔직하게……. 부끄러움을 이기고, 자기만 아는 슬프고 아픈 이야기를 쓰는 거야."

중곡동 어린이대공원에서 아이들은 하루 종일 자유롭게 시건 수필이건 써서 제출하면 되었다. 금년에는 그림은 그리지 않고 글만 쓰는 관계로 끼리끼리 흩어져서 아이들은 마음껏 쉬고, 먹고, 떠들면서 작품들을 써냈다. 바람결이 써늘하여 좀 차가운 날씨였지만, 흠뻑 가을 정취를 누릴 수 있어 백일장을 하기에 썩 좋은 날이었다.

그런데 백일장이 끝난 뒤 학교에서 다혜의 작품을 보고 나는 아연실색했다. 〈장마〉라는 수필인데, 처음엔 주제가 무엇인지 감이 잡히지 않았다. 하지만 다시 읽어 보니, 장마 동안 집 안에서 빈둥거리면서 몽상에 빠져 끝없이 주절주절 늘어놓는 글이었다. 마치 28살까지만 살다 죽은 천재 작가 이상의 소설이나 시처럼 말이다.

좀 주저되긴 했지만, 우수작으로 추천했다. 하지만 너무 조숙한 내용이어서인지, 아니면 주제가 선명치 않아서인지 진송이에게 밀린 모양이었다. 그 뒤 국어 시간에 그 애 작품을 낭독시키면서 나는 다혜에게 물어보았다.

"다혜야, 네 글의 주제가 무엇이니?"

"고독요."

"…… 헌데 너 방학 때부터 쓴다던 소설 어떻게 되어 가니?"

지금껏 두 장을 썼다는 것이다. 그러면서 수업이 끝나 복도를 걸어가는 나를 따라오면서 디스켓을 내밀었다.

"야, 인마. 소설은 대범하게 막 써내려 가는 거야. 웬만큼 길게 써야 내가 지도해 주지……."

하고 핀잔을 던지면서 곰곰 생각해 보았다. 사실 고독이란 2학년 여학생의 친구일 수도 있겠지만, 그 글 속엔 지루한 권태가 숨겨져 있는 것에 마음이 걸렸다. 병적인 집착도 있는 것 같았다.

어느 날 팔을 마구 문질러서 모기에게 물린 줄 알고, "다혜야, 침을 바르렴!" 하고 말했는데, 그게 아니라, 내 침 방울이 튄 모양이었다. 하복이긴 하지만, 옷에 묻은 침도 그처럼 한없이 신경질적으로 문지르는 모습이 내겐 병적인 집착으로 보였던 것이다.

'소설도 그런 식으로 매만지고 있으니 진도가 나갈 수 있니?'

또 다혜는 너무 섬세하고 감정 세계가 복잡한지 무엇인가 꼬여 있는 것 같기도 했다. 자주 자기감정의 늪에 빠지는지 국어 성적도 기복이 심한 편이었다. 부모님의 기대는 컸는데 머리 회전에 비하여 성적이 시원찮아 다혜가 초조해 하는 듯이 느껴지기도 했다.

그런데, 좀 곤란한 일이 닥쳤다. 하지만, 그 일로 나는 그 애를 깊게 이해할 수 있게 되었다.

동부 2지구 백일장대회에 3학년 지혜를 추천할 줄 알았는데, 2학년에게도 기회를 주자는 것이었다. 더구나 이번엔 주최 학교에서 귀찮은지 그냥 작품만 보내라고 했다. 그 일이 내 몫이 되어 버렸다. 바로 다혜가 떠올랐다. 그러나 나는 소설을 완성하지 못하고 기복이 심한

비록 단정한 여학교 교복에 가려져 있긴 했지만 나는 수녀의 옷처럼 어두운 교복으로 둘러싸인 그 애의 감옥이 보이는 듯했다. 이런 나라에 사는 그 애의 고독과 권태가 아른거렸고, 고통스러운 슬픔도 느껴졌다.

다혜만 믿을 수 없어 진송이까지 불러서 이틀 뒤까지 작품을 완성해 오라는 무리한 주문을 했다. 주제는 '가장 슬프고 아팠던 밤' 이었다. 계절감을 살려서 괴로웠던 체험을 솔직하게 정리해 보라고 했더니, 두 아이가 흥분한 듯 바로 작품을 가져왔다.

진송이는 어느 여름방학 때 교통사고로 아빠를 잃은 아이의 슬픔을 회상 식 콩트로 빈틈없이 구성했고, 다혜는 수필을 써 왔다. 전세방에 사는 주인공이 가난한 이유를 아빠 탓으로 돌려 늘 원망했는데, 어느 겨울 밤 퇴근 후에도 길거리에서 장사를 하는 아빠를 우연히 발견하고 눈물에 젖어 회한과 자책을 하는 수필이었다.

"어떤 작품을 보낼까……?"

나는 고민했다. 나무랄 데 없는 작품들이고, 두 아이 중 하나는 자존심에 상처를 입을 일이 걱정되었다. 궁여지책으로 연구부장인 배 선생에게 선택해 보라고 미루었다. 나중에 물어보니 다혜의 작품이 감동을 더 주어서 그걸 보냈다는 것이었다. 아니나 다를까 다혜의 작품이 8개 학교 중 산문부 장원을 했다.

…… 다름 아닌 아버지였다. 모자를 깊숙이 눌러쓰고 있었지만 나는 한눈에 알아보았다. 그 순간의 느낌을 어떻게 설명해야 할까. 부끄러움과 비참함, 안타까움, 슬픔, 서러움들이 뒤섞여 산산조각으로 부서져서 가슴을 후벼 내는, 누군가에 의해 칼로 가슴이 난도질되며 쑤셔 파내지는 느낌이라고 할까. 살아보려고, 어떻게든 살아보려고 길거리에 장사를 나선 아버지, 그런 아버지를 원망했던 내 자신이 너무나 밉다. 용서할 수가 없다. 내가 잡고 있던 무언가가 끊어져 내린

다. 아무 말도 못 했다. 목이 꽉 메면서 눈시울이 뜨거워진다…….

나는 다혜 글의 당선 소식을 그 반에 공개했더니 아이들은 박수를 치고 난리를 치면서 좋아했다. 다만 아쉬웠던 점은 어차피 교지에 실리겠지만, 가난한 아이의 사적인 고백인 듯하여 작품을 미리 공개할 수는 없었다. 그런 뒤 다혜를 상담실에 불러 물어보았다.

"네 글 사실이니?"

그 애는 자기 경험이라면서 그 수필의 주인공처럼 두 손으로 얼굴을 감싸고 흐느꼈다. 몹시 안쓰러웠으나 토닥거리는 말을 했을 뿐이다. 여선생들이 그럴 땐 애를 안아주어야 한다는데…… 그러지 못하는 것은 여학교 남선생들이 늘 아쉬워하는 슬픔일 것이다. 나는 말로나마 아픔을 쓰다듬어 주었다.

"다혜야! 자기를 솔직하게 고백한 너는 용기 있는 여성이야. 하지만 자기는 울지 않으면서 사람들을 울게 만드는 게 훌륭한 작가인 거다."

그 뒤 어느 날 수업 시간에 자기 자리 옆을 지나치는데 다혜가 백일장 상장이 언제 도착하는지 엄마가 궁금해 한다고 말했다. 그때 나는 다혜와 그 애 부모님이 집착하고 있는 것이 무엇인지 눈치 챘다.

'그것보다 더 소중한 게 있는데…….'

나는 다혜의 고민을 어렴풋이 이해했다. 그리고 어느 날 복도에서 뒷모습을 보니 정신이나 감정도 조숙하지만, 다리도 튼튼하고, 몸도 성숙한 여인 같았다. 비록 단정한 여학교 교복에 가려져 있긴 했지만……. 나는 수녀의 옷처럼 어두운 교복으로 둘러싸인 그 애의 감옥이 보이는 듯했다. 이런 나라에 사는 그 애의 고독과 권태가 아른거렸고, 고통스러운 슬픔도 느껴졌다. 마치 작은 화분에 갇혀서 수백 년을 살아야 하는 분재의 팽나무처럼…….

들깨의 집 속에서
방울 소리가 들려요

참 이상한 일이다. 한 해 사이인데 신입생과 2학년 소녀들은 정말 다르다. 어수룩한 신입생을 힘겹게 지내고 2학년이 되면, 학교를 웬만큼 아니까 맘껏 노는 아이들이 저절로 생겨나기 마련이다. 그래서인지 2학년을 중학교의 황금기라고 부르는 모양이다. 하지만 미심쩍다.

'단지 일 년이라는 시간 차이 때문에 그럴까?'

더 궁금한 것은 해마다 아이들이 전연 다른 분위기를 보이는 것이다. 사회 분위기와 급변하는 교육환경 탓도 있지만, 그것은 '서양의 별자리 점처럼 동양의 십이지 띠 탓일까?' 라고 반신반의할 정도로 작년에 내가 맡은 1학년 두 반과 2학년 두 반은 생판 달랐다. 1학년 때 분위기가 아주 딴판이었는데, 2학년으로 진급해도 마찬가지였다. 한 놈들은 토끼띠여서인지 온순하고 차분하여 품에 안겨 드는데, 다른 놈들은 범띠라서인지 고분고분하지 않았던 것이다. 살쾡이처럼 가까이 오지 않고 경계하면서 눈도 사납게 흘기고, 조그맣게 으르렁거리고, 혹은 흰머리가 '흐연' 내게 대드는 아이들도 가끔 있었으니 말이다.

'여자가 말띠라고 다 팔자가 세단 말인가, 지금 세상에 무슨…… 그렇다면 자란 환경 탓일까?'

그럴 법한 일이다. 나는 그 범띠 아이들 학부형들의 학벌을 보고 깜짝 놀란 일이 있었다. 아버지 최종 학력이 중학교 졸업이 상당히 많았기 때문이다. 그러니 서울에서 어떻게 살았겠는가. 더구나 외환위기 이후 덩달아 부도나고, 중국 상품이 물밀 듯이 들어오면서부터 장안동 · 면목동 사람들의 주된 일이었던 의류업을 하다 파산한 가정의 아이들은 대번에 문제를 일으켰다. 그만큼 예민한 시기이기 때문이다.

그러나 가엾다고 조금 잘해 주면 아이들은 마구 기어올라 감당할 수가 없다. 그런 시대이다.

'고무줄놀이와 비슷한 거야. 잠시 늘여 주었다가 곧 잡아당기는 것이 여학생들을 휘어잡는 방법이거든.'

그걸 명심하고 30년 가까이 여자아이들을 다루고 있지만, 체벌이 금지된 이후엔 그런 방법이 조금도 통하지 않았다. 늘 당겨야 하기 때문이었다. 그런 긴장 속에선 국어 수업을 진행하니 힘들기 마련이다.

"이리 와라! 너 작년에 떠든 죄로 금년엔 좀 꼬집혀야지!"

내 눈치를 보면서 도망갈 궁리를 하지만 그래도 나에게 잡혀서 살짝 얻어맞거나, 혹은 꼬집히면서 그래도 미안한 모양이다. 바로 난정이다.

"네 이름, 난초 난蘭 자가 아니라 어지러울 란亂 자지?"

"아니에요. 난초 난이에요."

라고 부정하며 슬그머니 피하고 마는 난정이는 공부도 곧잘 하지만, 반을 어지럽히는 것이 문제였다. 마치 해저에서 화산이 터져 바다에 너울과 해일이 생기듯 그 반 지진의 근원지라고 할 수 있는 애였다. 어느 날 수업 시간에 그 애로부터 그 반이 술렁거리기 시작하는 것을 발견했던 것이다. '핸드폰으로 무슨 중요한 연락을 받는다거나, 아니면 다음 시간에 쪽지 시험 보고 혼난다.' 뭐, 그런 핵폭탄 같은 소식이 그 애 입으로부터 소곤소곤 점점 퍼져 나가서 반 전체가 산만해져 버렸던 것이다. 그래서 나는 그 애를 지진의 근원지라 불렀다.

"최난정, 너는 입이 문제야. 이 어지러운 난초야!"

입이 방정맞지만 스스로 어쩌지 못하는 난정이 같은 아이들, 여자가 셋 들어간 간신姦臣 같은 아이들, 불여우들, 별 반성 없이 이간질과 물맞이에 능수능란한 아이들, 계모처럼 욕심과 심술이 있는 아이들, 도망갈 구멍을 여럿 파 놓고 거짓말에 능숙한 너구리들, 내숭 떠는 새침데기들, 끝없이 먹어 대고 아무 데나 버리고 책상 위건 아래건 이것저것 늘어놓는 아이들…….

그런 여자아이들 말고도 끝없이 날뛰는 아이들도 있다. 바로 여자 타잔들이다. 답답한지 쉬는 시간이면 복도, 아니 현관 밖으로까지 나와서 뛰며, 고함을 지른다. 억세고 반항적이어서 휘어잡기 힘들고, 수업 시간에 몰래 사탕 같은 과자를 입에 넣고 먹지만, 가끔은 모른 체하고 눈감아 주고 만다. 왜냐하면 한 번 핀잔이라도 주면, 반항하면서 일 년 뒤까지 인사도 안 하고, 원수처럼 노려보기 때문이다. 기질이 강하지만, 제대로 가르치지 않는 집안의 아이들일 것이다. 하기야 초등학교에서 너무 놓아먹이니까…….

'참, 그래도 성적은 괜찮다니 이상한 일이다.'

한데 수업을 어지럽히지는 않지만, 끝없이 다른 일에 몰두하는 여자아이들이 있다. 은숙이는 너무 모르니까 그냥 가만히 앉아서 교과서 글자마다 점을 찍고 있거나, 끝없이 딴 생각을 하는 아이이다. 특별한 지도도 받고, 책을 읽을 줄도 알지만, 그 내용을 거의 모른다. 주관식 답안지를 보면 금방 알 수 있다. 정말 딱하다.

"부모가 특수학교에 보내는 걸 원치 않아요. 그냥 졸업만 시켜 달라고……."

양호실 영실 선생도 그리 말하니 어떻게 건드려 볼 수도 없고 단지 측은할 뿐이어서 가까이 가지 않고 그 애를 피하는 것은 참으로 슬픈 일이다.

혼자서 몰두하는 놈 중에 정말 특이한 애들이 있다. 바로 다래 같은 아이들이다.

"야, 이놈아! 문방구를 차렸니, 아니면 슈퍼마켓이니? 안 집어넣어!"

다래는 책상 위에 무엇을 늘어놓고 끝없이 만지작거리면서 수업에 집중하지 않았다. 필통 속에서 색연필을 꺼내서 만화를 그린다든지, 미술 시간에 만들다 만 도형을 손본다든지, 다른 일에만 열중했다.

물론 그 애는 짝이나 앞뒤 애들과 장난을 치면서 수업을 어지럽히지는 않고, 단지 혼자 꿈지럭거릴 뿐이지만, 내가 국어 공부도 곧잘 하는 다래를 야단치는 것은 그 애가 분명 엉뚱한 것에 관심을 기울여 수업 시간뿐만 아니라 골치 아픈 현실에서 도피하고 있다는 생각이 들었기 때문이다. 그런데 바로 생리 직전의 아이들이 그렇단다. 양호 선생에게 상담해 보니, "2학년에도 그런 아이들이 제법 있어요." 하는 것이었다. 나는 "초등학생 때부터 생리를 한다던데…… 그리고 지금처럼 조숙해지는 시대에 이제야 시작을 해요?"라고 반문했지만 입맛이 썼다. 그 애들이 짜증스럽기도 하지만, 아주 안쓰러워서였다. 그건 알통 자랑을 하는 친구들 곁에서 기가 죽는, 왜소하고 소심한 사춘기 소년들과 별반 다르지 않다. 일종의 소외일 것이다.

그도 그럴 것이 다른 친구들은 생리와 함께 풍부하게 나오는 여성 호르몬의 증가로 엉덩이가 큼직해지고, 가슴도 볼록해져서 몸매가 아름다워지는데, 자기는 아직 빈약한 어린이 몸에 불과하다니…….

'그래서 자연스럽게 열등감과 불안감이 생기고, 기대감과 초조감이 뒤죽박죽이 되고, 그래서 반항심이 터지는 것 아니겠는가.'

다래처럼 고독하게 무엇엔가 몰두하는 아이들을 나는 여러 번 경험해 보아서 잘 알고 있었다. 언젠가 프랑스 영화에서도 그처럼 생리 직전의 깡마르고 핼쑥하고 고독한 사춘기 소녀의 방황을 본 일도 있어서 늘 그렇게 불쌍하게 보였다.

그런데 그 해 가을 나는 다래한테서 놀랄 만한 사실을 발견했다.

바로 학교 텃밭에서였다.

우리 학교의 가을은 고운 도라지 꽃과 보랏빛 벌개미취 꽃이 열기 시작한다. 늦여름에 꽃망울이 벙글어지면서 가을을 예고하는 것이다. 이어서 여름방학이 끝나고 보면 어느 새 자그마하고 예쁜 각시취 꽃이 피고, 푸르스름한 참취와 보라색 은은한 배초향도 피고, 새하얀 구절초 꽃이 피면, '아! 가을이 깊구나.' 하는 감탄사가 절로 터져 나왔다.

그런 어느 가을날 아이들에게 스산한 텃밭과 무르익은 야생화를 구경시켜 깊은 가을 정취를 느끼게 하다가 나는 물끄러미 분꽃을 보았다. 진홍색 분꽃은 정말 어여쁜 새각시, 아니 너무 예뻐서 첩이나 기생을 할 수밖에 없는 운명을 타고난 여인을 연상시키는 꽃이다. 그처럼 매혹적인 분꽃을 보다가 벌써 익은 놈 까만 씨앗 껍질을 까고 하얀 속살을 아이들에게 보여 주었다.

"자, 이 예쁜 꽃이 분꽃이다. 그리고 이게 분꽃 씨앗인데, 예전에 우리 조상들이 얼굴에 발랐던 분을 만들었어. 그래서 저 꽃 이름을 분꽃이라고 하거든!"

그리고 하얀 속살을 터트려 곁에 있는 아이의 손등에 문질러 주었다. 아이들은 친구의 보드라운 손등이 매끈해지는 것을 보자 눈이 빛나고 휘둥그레지면서 너도나도 분꽃 씨앗을 받아서 분꽃이 수난을 당하게 되어 버렸다.

'여자들이란 어른이건 아이들이건 예뻐진다면 사족을 못 쓴다니까…… 쯧쯧쯧.'

그렇게 분꽃놀이를 하면서 가을을 느끼다가, 잘 익은 들깨 씨를 까먹으라고 했더니, 어떤 아이가 들깨 씨의 집 속에서 방울 소리가 난다는 것이었다. 바로 다래라는 아이였다. 다른 아이들도 우르르 몰려가 귀를 대 보더니 이구동성으로 '딸랑딸랑' 정말 작은 방울 소리가 들린단다.

나는 참으로 놀랐다. 그래서 다가가 들깨 가지를 살살 흔들어 보았

1	2
	3
	4

우리 학교의 가을은 고운 도라지 꽃[1]과 보랏빛 벌개미취 꽃[2]이 열기 시작한다. 자그마하고 예쁜 각시취 꽃이 피고, 푸르스름한 참취와 보라색 은은한 배초향[3]도 피고, 새하얀 구절초 꽃[4]이 피면, '아! 가을이 깊구나.' 하는 감탄사가 절로 터져 나왔다.

더니, 정말 작은 들깨의 집 안에서 작디작은 소리가 울려 나왔다. 들깨 씨의 집을 조심스럽게 털어 보니 대여섯 개도 넘게 내 손바닥에 또로록 떨어졌다. 아마 옹기종기 사이좋게 모여 있는 들깨들이 바람이 불자 그들의 딱딱한 집 안에서 서로 부딪치면서 내는 소리였나 보다. 거기서 아이들은 방울이 딸랑거리는 소리를 들은 것이다.

'저리도 예민한 사춘기 소녀들의 기를 죽이고 있었구나!'

들깨 방울 소리를 처음 발견한 다래는 늘 골똘하게 무언가를 탐구했다. 무슨 과학자의 방처럼 끝없이 이것저것 어질러져 있는 책상…… 그런데 어느 날 알고 보니 다래는 수학은 거의 만점이라는 것이다. 그렇다면 아인슈타인?

"아인슈타인은 무슨…… 슈퍼마켓 주인이지. 아니면 문방구 주인이 꿈이던지……. 이놈아, 그거 늘어놓은 거 안 집어넣어. 유치원 다니니, 아니면 미술 시간이니?"

그렇게 가끔 면박을 주었지만, 대개는 내버려두다가 너무 골똘하면, 다가가 '오늘은 고물상 차렸니?' 하고 팔을 꼬집으면서 반 장난을 쳐 버리곤 했다. 아이가 공부도 웬만큼 하지만 조그맣고, 어린 티가 죽죽 흘러서 귀엽기도 했기 때문이었다. 무엇보다 사춘기, 곧 여성이라는 산의 정상을 향하여 기어오르면서 노심초사하는 그 애가 너무 측은하여서였다.

그런데 어느 날 다래네 반 게시판에서 나는 특이한 인쇄물을 발견했다. 교실 뒤 칠판에다 누군가 친구들을 색깔로 표현하여 붙여 놓았던 것이다.

'영희는 연한 빨강, 수남이는 남색, 진희는 푸른 하늘을 나는 갈매

기, 민솔이는 초록색 솔잎…….'

나는 누가 그걸 붙였는지 알아낸 뒤 깜짝 놀랐다. 다래였다. 그 애는 국어 시간에 시건 소설이건 문학 작품에 특별한 관심을 보이지 않았기 때문에 더욱 의외였다. 다래의 그런 표현은 프랑스의 천재 시인인, 19살까지만 시를 쓰고 아프리카로 종적을 감춰 버린 랭보의 공감각적인 감수성과 닮았던 것이다.

예컨대, 랭보는 〈모음들Votelles〉이란 시에서 로마자의 모음을 색깔로 표현했다.

> 검은 A, 하얀 E, 붉은 I, 푸른 U, 파란 O: 모음들이여
> 언젠가는 너희들의 보이지 않는 탄생을 말하리라
>
> A, 지독한 악취 주위에서 윙윙거리는
> 터질 듯한 파리들의 검은 코르셋 ……
>
> 어둠의 만灣; E, 기선과 천막의 순백純白
> 창 모양의 단단한 빙하들; 하얀 왕들, 산형화들의 살랑거림
> ……
>
> 《지옥에서 보낸 한 철》(아르튀르 랭보, 김현 역, 민음사, 1994)

그걸 아이들에게 설명한 뒤끝에 다래에게 나는 무슨 색깔이냐고 물었더니, 갈색이란다.

"갈색?…… 내가 갈색이라……."

어떤 1학년 놈은 날더러 가을 남자 냄새가 난다고 묘하게 웃기도 했으니, 아마 다래도 나에게서 가을 낙엽 비슷한 갈색을 느낀 모양이다. 어린 아이지만 여자들은 느낌, 곧 감수성의 천재들이 아닌가!

공감각도 일종의 감각의 은유 현상이면서 자연과의 동일화同一化라는 것은 어려워서 다래는 아직 잘 모르겠지만, 수학이 거의 만점이라니 머지않아 고독의 성에서 탈출하여 아인슈타인이나, 뉴턴이 될지 누가 알겠는가. 그 애가 지닌 시적인 감수성은 바로 천재들의 창조성일 테니까 말이다.

여학교에서 선생을 30년이나 해 왔지만 여전히 모르는 것이 여자다. 들깨 열매에서 방울 소리를 듣는 다래를 보니 그 생각이 새삼스럽다. 특히 선생의 틀에 박힌 눈을 벗어난 여자 아이들을 깊이 이해하는 것은 불가능에 가깝다. 여자들이 수백 만 년 전부터 삶을 이어온 동물들, 이리나 쥐, 너구리, 아니면 고양이처럼 살기 위하여 자기 동물들의 습성을 간직하고 있는 것인데……. 자칫 그 은밀한 방울 소리를 못 듣고 넘어가지 않을지, 조용히 귀를 기울이는 것이 선생들이 할 일이지 않을까.

선생님,
감 따 주세요

"주현아, 이 시낭송 테이프 한 번 들어 보아라."

"……?"

방송반 주현이와 진리에게 윤동주의 〈별 헤는 밤〉을 녹음한 테이프를 건네면서 그 목소리의 주인공이 혹시 바로 나, 국어 선생이 아닌지 판단해 보라고 했다. 방송반 아이들이라 음성에 민감할 것으로 여겼던 것이다.

그러는 까닭이 있었다. 가을에 아이들에게 시적인 체험을 시키고 싶어서 노래와 서정적인 시를 음악과 함께 들려주다가, 문득 윤동주의 〈별 헤는 밤〉 목소리의 주인공이 바로 나인 듯한 묘한 느낌을 받았던 것이다.

'…… 착각일까?'

그도 그럴 것이 전국국어교사모임에서 목소리가 좋고 감정 표현이 넉넉한 선생들을 모아서 바로 그 녹음테이프를 제작했을 때, 나도 거기 초청받아 시 낭송을 한 기억이 있었던 것이다. 그 뒤에 이렇다 저렇다 전연 연락이 없었고, 학교에서 그 테이프 몇 개를 구입하여 가끔 아이들에게 들려주었는데, 아무래도 내가 낭송한 시들은 빠진 듯했다.

10년도 더 지난 일이라 세월이 지나면서 그런 섭섭한 일도 다 잊어버렸는데, 금년 가을에 문득 '40대 후반의 목소리는 지금과 다르지 않았을까?' 하는 생각을 했던 것이다. 얼굴만 아니라 목소리도 늙을 테니까 말이다.

며칠 뒤 주현이와 진리는 현관 옆 벤치에서 시 낭송 테이프를 돌려주면서 내 목소리 같다고 끄덕였다.

"무슨 증거로?"

"억양이나 어미 처리가 그런 것 같아요."

한 명도 아니고 둘 다 예민한 청각을 지닌 방송반 전문가 소녀들이니 수긍할 수밖에 없었다.

"목소리 주인에게 테이프도 보내 주지 않다니, 무심한 국어 선생들 같으니라고……."

나는 수업 시간에 그 사실을 공개하여 아이들의 관심을 끌었다. 자랑이기보다는 흥미를 줘야 아이들이 집중하는 것을 잘 알기 때문이었다. 물론 음악이 깔린 시를 들려준 것은 시의 음악성과 정서를 이해시키기 위함이었다. 예전, 그러니까 향가나 고려가요, 시조 등 고전 시대의 시는 다 노래가 아니었던가.

윤동주의 〈별 헤는 밤〉은 나라 잃은 식민지 시대의 작품이고, 시간

배경도 가을이어서 퍽 서정적인 것이 가을에 아이들의 정서에 잘 들어맞는다. 물론 그걸 들려주기 전에 나는 김민기의 〈아침 이슬〉을 가수 양희은의 목소리로 먼저 들려주었다. 그런데 작년과 다르게 금년엔 나의 노래방 지정곡인 정태춘의 〈북한강에서〉로 먼저 아이들의 시선을 좀 그윽하게 만들고, 특히 그들의 민감한 청각을 극도로 자극하여 정서의 변화를 유도했다. 그 노래에 깃든 시대와 분위기, 그리고 깊은 슬픔과 절망의 감정을 잘 느꼈을지 궁금하지만…….

> 저 어두운 밤하늘에 가득 덮인 먹구름이 …… 나는 여기 멀리 해가 뜨는 새벽 강에 홀로 나와 그 찬물에 얼굴을 씻고 …… 서울이라는 낯선 이름과 또 당신 이름과 그 텅 빈 거리를 생각하오…….

"정말 가슴이 뭉클해지지 않아? 이 노래가 맘에 드는 사람 손들어 봐요? 그래…… 이 노래의 분위기는 어때? 그렇지, 쓸쓸하고 슬프기도 하지. 정태춘의 노래처럼 사람도 스타일과 분위기가 있지 않아?…… 그러면 나는 어떤 분위기의 남성이야?"

"고독한 남자요…… 멋있어요…… 아니요 엄해요, 지루해요, 졸려요, 아니 매력적이에요……."

아이들은 장난스럽게 떠들어댔다. 나는 정태춘의 노래처럼, 또 음악이 깔린 윤동주의 〈별 헤는 밤〉처럼 시도 어떤 분위기를 만드는 것이라고 설명했다. 그러면서 지난 시간 자기가 쓴 시에 배경, 곧 계절과 시간을 첨가하라면서 마지막엔 기후까지 설정하라고 지시했다. 그리고 시를 슬프고 아픈 분위기로 쓰라고 강조했다.

"가을이 되니 햇빛이나 바람결이 달라지지 않아요? 감정이란 바로 그런 것에 영향을 받거든. 쓸쓸한 가을에 비가 을씨년스럽게 오던 밤을 회상해 보세요."

그러면서 기승전결 구성법에 맞게 즉흥적으로 시를 지어 예로 들어 주었다.

창밖에 비가 오는데, 내리는데

가을비가 부슬부슬 차가운데

그 날 밤 아버지는 곤드레만드레 술에 취해 들어오시고, 나는 어머니가 잠을 이루지 못하는 것이 슬펐다.

아침에 대문을 열자 죽어 있는 비둘기…… 비닐 끈에 발이 걸려 붉은 발가락이 잘렸는지 절룩거리던 비둘기 한 마리…….

하지만 가을을 느끼려면 말로만으로 되지 않는 법이다. 나는 미리 준비해 둔 모과 네 개를 각 분단마다 하나씩 나누어 주고 뒤로 넘기면서 향기를 맡아 보라고 했다. 그리고 내가 작년에 쓴 어설픈 시 〈모과〉를 컴퓨터 화면으로 보여 주었다.

가을에 모과도 집을 떠나는가 / 고향을 뜬 나그네인 듯 / 아침 뜨락에 하나 둘 나둥그러져 있는 모과는 / 왜 밤에 떨어지는가 / 가슴이 저려오는 가을밤에 떨어져 / 향그런 얼굴에 / 상처를 입는가 불현듯 우리가 / 새벽잠을 깨어 기침을 하듯, / 간밤에 기침하듯이 그 딱새가 우짖고 갔는지 / 병든 모과가 먼저 떨어지는가 / 서글픈 집을 떠나 /

서릿발 으스스 솟은 겨울 산으로 간 이웃처럼

아이들은 시가 어렵고 신통치 않다는 반응을 보였지만 나는 현실성을 이해시키고 싶었다. 왜냐하면 병들어 떨어진 모과 몇 개가 뒹굴고 있는 그 모과나무 옆에서 내가 늘 담배 피우는 것을 아이들이 자주 보았기 때문이었다. 그런데 내 시를 설명해 보라고 감수성이 예민한 놈들을 몇 명 지적했더니 더러 함축적인 뜻까지 잡아내는 아이도 있었다. 2학년 가을이면 의외로 아이들이 급변하고, 또 좋은 시를 쓰고 싶어 하는 아이들이 시를 보는 안목이 트인다는 것을 나는 눈치 채고 있었던 것이다.

다음 시간에는 아이들을 데리고 밖으로 나갈 차례다. 가을, 정서, 감각, 한마디로 시 체험 학습이었다. 먼저 작년처럼, 내가 앉아 담배를 피우는 신갈나무 밑에 아이들을 데리고 간 뒤 그 곁에 노랗고 붉은 잎을 매단 모과나무에서 모과를 찾아보라고 했다. 선생들이 승용차 뒤에 놓아두려고 다 따 가고 두어 개 남아 있었다.

"저기 매달려 있어요! 어디……? 저기 있잖아, 노란 모과……. 참 예쁘다!"

그렇게 감탄하면서 모과 향기를 연상하는 듯한 아이들을 데리고 모과나무를 지나쳐 꽃사과나무 앞에 섰다. 꽃사과나무에 주렁주렁 열렸던 꽃사과는 술을 담그겠다고 거의 따 가 버려서 맛보일 수가 없는 게 몹시 아쉬웠다. 그런 아이들을 끌고 테니스장 주변의 은행나무 밑에서 노란 은행잎을 밟게 하고, 다 떨어져 버려 바스락거리는 칠엽수 큼직한 나뭇잎을 만져 보게 했다. 이어서 본관 앞 남쪽 언덕에 손 타지 않은 모과나무에서 노오란 모과를 눈으로만 실컷 맛보게 한 뒤 계단을 올라가 두 그루 배롱나무 앞에 서서 아이들을 기다렸다.

"이게 배롱나무 혹은 목백일홍이란다. 별명이 간지럼나무인데 이렇게 가지에 간지럼 먹여 봐라. 아니 거기 말고. 가지 사이 겨드랑이는 간지럼을 더 탈걸……."

아이들은 발가벗은 나뭇가지에 작고 하얀 손으로 서로 간지럼을 태우려고 너도나도 아우성이었다. 그러면서 유난히 간지러움에 민감한 아이들은 어디가 간지러운지 묘한 표정을 지으면서 서로 마주보고 낄낄거렸다. 웃는 아이들을 데리고 잔디밭으로 데려 나가 건학비 내용을 읽혔다.

'교육의 대본大本은 마음을 밝고 바르게 가르치는 것이다.'

그리고 잔디밭을 가로질러 화살나무로 다가갔다. 화살나무는 예전에 화살의 깃처럼 가지에 작은 날개를 달고 꽃처럼 정말 붉고 아름답게 물들어 있었다. 그리고 나뭇가지를 가리켰다.

"어디요, 어디요? 정말 화살의 깃처럼 생겼어요, 선생님!"

그처럼 감탄하는 아이들과 함께 우리들만 아는 우리 학교의 숲에 난 오솔길로 아이들을 인솔했다. 그 샛길에서 팥배나무 빨간 열매를 맛보이는 것은 해마다 벌이는 연중행사지만, 정말 운치가 있다.

늙은 라일락은 붉게 물들고, 열매를 까맣게 매달았다. 가르침은 말로만으론 부족하다. 봄 · 여름 · 가을 · 겨울을 몸으로 느끼게 해야 살

늙은 **라일락**은 붉게 물들고, **애기나리 꽃**은 **열매**를 까맣게 매달았다.
가르침은 말로만으론 부족하다. 봄 · 여름 · 가을 · 겨울을 몸으로
느끼게 해야 살아 있는 교육이 아닐까.

아 있는 교육이 아닐까.

"시큼털털한 맛이라니…… 무슨 감각이니?"

"미각요—"

스며드는 햇빛을 받아 팥배나무 낙엽 투명한 갈색 이파리 사이에 홍보석처럼 군데군데 떨어져 있는 그런 빨간 팥배나무 열매를 주워서 아이들에게 나누어 주면서, 뒤 친구에게도 전달하여 나누어 먹는 시큼한 맛을 느끼면 어느 새 서른 그루 남짓한 대나무 밭이다. 아이들은 신기한지 대나무를 흔들어 보고 난리였다.

'비밀입니까. 비밀이라니요? 내게 무슨 비밀이 있겠습니까?'

라고 만해 한용운이 노래했던 그 잔바람에도 살랑거리는 대나무 흔들리는 소리는 참 스산한 맛이 있지 않은가.

예전에는 고등학교 현관 앞에 50살도 더 먹은 느티나무를 보면 타잔들이 등장하여 고함을 지르면서 나무에 올라타고 난리를 쳤는데, 금년 토끼띠 아이들은 참 얌전하기도 하다. 별로 관심이 없는지…….

허전한 것은 그것만이 아니다. 아이들에게 예전 재단실 앞에서 빨간 홍시를 구경시키고 달큼하고 떨떠름한 고욤을 따 먹이는 일이 순서였는데, 아쉽게도 감나무는 다른 곳으로 옮기고, 고욤나무는 베어내 버렸다. 또 라일락, 빨간 찔레 열매, 초콜릿 빛으로 물든 목련나무도 참 좋았는데……. 그것은 재단실을 헐고 그 자리에 거대한 과학관을 건축하기 때문이었다. 불행 중 다행인지 본관 뒤로 끌고 가니 가사실 옆 감나무에는 홍시가 주렁주렁 달렸다. 먹음직스런 감을 보자 아이들이 아우성을 쳤다.

"선생님 따 주세요, 감 따 주세요!"

"그것보다 푸른 하늘을 배경으로 매달린 빠알간 홍시감의 색감을 느껴 보렴!"

먼저 붉은 감의 느낌을 느끼게 한 뒤에 나는 미리 준비한 대나무를 휘둘렀다. 하지만 가지를 여러 번 건드려서야 겨우 한 개가 떨어졌다. 그걸 재수가 좋은 단비가 얼른 주워 먹었다.

"나도 좀 주라!"

하면서 한 입 얻어먹는 놈도 있었다. 바로 늘 묘하게 웃음을 흘리는 미은이였다. 봄을 타듯이 낯 뜨거운 질문을 하기도 하면서 사춘기를 앓는 놈이다. 곁에서 언니들이 공부하는 중이라고, 더 따 달라는 애들을 달래면서 늙은 라일락 잎사귀가 붉고, 노랗게 물든 길을 따라가면서 이우근 기사가 인쇄실 언덕에 쪼르르 심어 보기 좋게 핀 여러 색깔의 국화 향기를 놈들의 코 속에 슬슬 흘려보내 주었다. 후각이 민감한 놈들은 미칠 것이다.

그리 가을 야외 수업을 하다 보니 한 시간이 얼른 지나가 버렸다. 중앙 현관까지 끌고 와서 마무리를 했다.

"오늘 수업 끝. 다음 시간까지 가을 시를 완성해 보세요. 주번 인사해라, 점잖게!"

"선생님! 감사합니다—"

가을 시 체험 학습을 하니 아이들 글이 역시 나아졌다. 하지만 딱히 신통치 않았다. 산문에 능숙한 다혜나 국어 선생이 꿈이고 단편 소설까지 써낸 상아는 열심히 시를 써 온 흔적이 보이지만, 아무래도 함축성이 보이지 않고 관념을 늘어놓았을 뿐이다. 특히 동시를 버리고, 자기 현실을 솔직하게 쓰라고 해도 그게 쉽지 않은 모양이다.

'이유가 무엇일까? 감각과 운율을 살리려는 의도였는데, 역시 아이들에게는 무리였을까?'

고민 끝에 금년 백일장에 '아빠의 흰머리'를 제목 중의 하나로 냈더니, 수많은 아이들이 이를 소재로 시건 수필이건 잘 써낸 것을 기억했다.

'아, 바로 그것이야!'

자기들 생활과 밀접한 글감이 중요한 것이 아니겠는가. 아빠의 흰머리, 엄마의 주름살, 할머니, 단칸 셋방, 급식비 같은 소재 속엔 눈물과 고통, 후회와 한숨이 배어 있으니까 말이다. 그걸 솔직하게 기승전결의 구성법으로 배치하면 되는 것 아닌가. 사실 기승전결이란 자연에서 본뜬 인생의 모습이다. 나서 늙고 병들어 죽는 것, 그것이 바로 봄 · 여름 · 가을 · 겨울이니까 말이다.

아이들에게 물어본다.

"선생님은 어느 계절쯤에 와 있어?"

겨울이란다. 맞는 말이다. 회색빛 겨울……. 아이들의 느낌은 정확하다. 그렇게 정서가 예민하게 발달한 아이들이 왜 표현에 서투를까? 계절이 바뀌듯이 글쓰기를 삶으로 수용하게 해야 하는데, 불감증 투성이 우리 선생들이 거꾸로 가르친 탓은 아닐까. 축구까지 예술적으로 한다는 프랑스에서는 고등학교 무렵까지 학생들이 무려 삼백 편의 시를 외운다는데…….

하루에 다섯 편의 시를 쓴 은혜

가을에 놀라운 아이가 나타났다. 바로 은혜였다. 그 애는 1학기 동안 교실 맨 뒤에 혼자 앉아서 무엇인지 꿈지럭거리면서 조용히 장난이나 치더니, 여름방학이 끝나고 두 주일이 지나도 숙제를 내지 않는 것이었다. 방학 숙제라야 시나 독후감, 아니면 기행문 중 원하는 것이면 되었고, 소설은 가산점을 주었지만, 대개 손쉽게 시 몇 편을 끼적거려 제출하는 게 보통이었다.

'이놈들 봐라!'

속으로 되뇌면서 내가 곧잘 쓰는 방법을 동원했다. 다른 반에도 그런 놈들이 두세 명씩 있었던 것이다.

"나는 말이다, 끝까지 숙제를 받아 내는 사람이야. 음, 졸업한 뒤에까지 쫓아가서 받아 내거든……. 선배들에게 물어봐라. 새 담임을 발표할 때 김종원 선생과 내 이름이 나오면, '일년 간 죽었다' 고 통곡하던 선배들도 있었지. 숙제 내일까지 내라."

그런 협박성 독촉에 못 견뎠는지 은혜는 다음날 바로 시를 다섯 편 써 왔다. 베낀 것 같았다. 그도 그럴 것이 아직 어린 티를 벗어나진 못했지만, 내가 의심할 정도로 재치가 넘치고 생동감이 있는 시들이었다. 더구나 하루 만에 다섯 편을 쓰다니…….

나는 그 애를 불러 추궁했다. 그랬더니 곁에서 듣던 장 선생이 거들었다.

"은혜, 시 잘 써요."

작년에 국어를 가르쳐서 잘 아는 듯했다. 그런데 놀랍게도 은혜는 그 날 학교에서 시 다섯 편을 다 썼다는 것이었다.

시를 읽어 보니 은혜는 언어 감각이 예민할 뿐만 아니라 은유 사용이 아주 능숙했다. 또 본질을 파악하는 능력이 있고, 세상 사람들에게 애정을 간직한 애였다. 〈숲〉이란 시에는 명상적인 통찰력도 보였다.

> 나는 춥지 않다 / 많은 이들의 발걸음과 / 작은 친구의 노래 / 따뜻한 여름의 바람도 / 모두 나이기 때문이다

특히 〈시계〉는 만해 한용운의 '님' 처럼 상징이 잔뜩 담겨 있었다. 인생의 뒤안길에 스며 있는 씁쓸한 맛, 즉 사랑과 고독, 그리고 슬픔 등 중년 시인이 느끼는 그런 감정을 아직 어린 여학생이 알고 있었던 것이다. 나는 그 애 감수성에 흠칫 놀랐다.

시계

나는 크기도 작기도 한 목소리로 당신을 부릅니다.
나는 차갑고 쓸쓸한 곳에서 홀로 당신을 바라봅니다.
하지만 당신은 나를 돌아봐 주지 않습니다.

나는 크기도 작기도 한 손으로 당신을 부릅니다.
나는 나의 삶이 다할 때까지 당신을 바라봅니다.
하지만 당신의 곁에는 다른 이가 손을 잡고 있습니다.

나는 당신을 원망하지 않습니다.
점점 작아져 가는 나의 힘없는 소리에
생명을 불어넣어 주는 것은 당신이기 때문입니다.

똑딱 똑딱……
나는 시계입니다.

나는 다음 시간에 그 반 교실에 가서, "기쁘다! 시인이 탄생하셨다."면서 은혜를 칭찬해 주었다. 그리고 그 애를 상담실로 불러 사탕 두어 개를 주면서 장래 희망이 무엇인지 물어보았다.

"탤런트겠지, 뭐."

장 선생이 그 애를 보면서 빙긋 웃었다. 은혜는 아무 대꾸도 없었다. 한편으로 긍정하는 것 같기도 했다. 나는 그런 은혜를 시험도 할 겸 시 공부를 함께 해 보자면서 '가을' 시를 한 번 써 오라고 했더니 다음날 당장 〈가을〉, 〈가을 나비〉, 〈매미〉 세 편을 써 왔다. 자기를 의심하고 시험하는 내 태도가 자존심을 상하게 한 모양이었다.

'아이가 시심詩心이 철철 흘러넘치는구나!'

나는 감탄했다. 한데 시 속에 슬픔이 가득했다. 그 애 삶이 은근히 반영된 것 같아 안쓰러웠다. 어쨌건 쓰고 싶은 걸 쓰되, 시를 좀 압축하고 노래처럼 반복하면서 운율을 살리라고 했더니 다음날 바로 또 써 왔다.

그날부터 나는 연필로 손을 보기 시작했다. 먼저 관념을 제거하라고 일러 주며, 단순하고 선명한 이미지를 만들고, 그리고 무엇보다 기승전결식 4단 구성으로 시상을 논리적으로 전개하는 방법을 강하게 각인시켜 주었다.

'열심히 써 와도 선생님에게 별로 칭찬을 못 듣는구나…….'

은혜는 시무룩한 표정으로 쓸쓸하게 돌아가곤 했다. 나는 좀 미안했다. 내가 한꺼번에 너무 많은 것을 가르쳐 갑자기 수용하기가 힘들었을 것이다. 또 시를 쓰지 않고 만든 흔적이 역력히 드러나 내가 마구 지적했기 때문이었다. 그래도 그 애는 텃밭에서 일하는 나를 만나러 왔다. 그리고 기다렸다. 그것은 시를 더 공부하고 싶다는 표현이었다.

"은혜야, 네 현실을 시로 써 봐라. 저기 가뭄을 타는 들꽃처럼 불쌍한 엄마 이야기를 써 보렴. 그게 진짜 아름다움인 거야!"

그날 은혜는 물끄러미 시들시들 말라가는 텃밭의 야생화들을 둘러보고 돌아갔다. 그리고 며칠 뒤 다시 나타났다. 나는 모른 체하고 텃밭에 계속 물을 주었다. 가을 가뭄이었던 것이다. 고구마와 고추가 타고 있었다. 땅이 바짝 말라서 잎이 늘어진 취나물, 은방울꽃, 대사초 등 가엾은 들꽃에게 호스로 물을 주던 나는 잠시 쉬며 의자에서 기다리는 은혜 옆에 앉아 시를 읽었다. 콧등이 시큰할 정도로 좋은 시가 나타났다. 엄마 시였다. 힘들고 아픈 자기 현실의 소재들을 엮어서 시를 써 보라고 한 결과였다.

"은혜야, 시가 참 좋구나!"

나는 그 애 엄마 혼자 힘겹게 생계를 꾸려 나가는 것을 이미 알았다. 학교에선 그런 아이들에게 이런저런 배려를 하고 있었고, 나도 상담실에서 여러 아이들 이름을 보아 기억하고 있었다. 특히 내가 들어가는 네 반 아이들은 말이다.

은혜는 제목 잡는 법도 터득하여 〈빈곳〉으로 엄마에 대한 시를 써 왔다.

아침을 울리는 자명종 소리에 / 번쩍 눈 뜨고 일어난 잠자리를 / 왠지 모르게 바라본다. // 아침을 시작하는 아침밥 없이 / 어머니 손등을 생각하며 / 대문을 나선다. // 아무 것도 없는 방처럼 / 계피 사탕의 씁쓸한 맛처럼 / 가슴엔 찬바람이 드나드는구나.

은혜가 방학 숙제로 써 온 시와 비교해 보면 자유분방한 점은 좀 떨어지지만, 설명적인 표현을 벗어나 한결 감칠맛이 나고 좀 더 어른스러워진 느낌이 들었다. 방학 숙제로 쓴 시에서 은혜는 엄마를 '척쟁이' 로 보고, 아프지 않은 척, 피곤하지 않은 척, 힘들지 않은 척, 슬프지 않은 척하면서 자기가 울 때나 혼낼 때, 혹은 동생이 아플 때도 강하다고 표현했다. 하지만 엄마는 마음이 여려서 방에서 혼자 슬퍼하고 일에 치여서 꾸벅꾸벅 졸기도 하는 것을 알고는 엄마가 힘들지 않았으면 좋겠다고 가슴이 울리는 슬픈 시를 써냈던 것이다.

시를 보면 은혜는 느낌이 풍부하고, 정도 많은 아이였다. 그리고 가슴 속에 슬픔과 아픔도 찐하고, 그게 넘쳐 흥건하게 시로 흘러나오는 모양이었다.

"은혜야, '엄마' 시가 좋구나. 하지만 네가 아는 엄마처럼 사람도, 여자도, 그리고 꽃에도 종류가 있고, 모양과 향기가 다른 것을 알고 있니? 저기 한라구절초와 눈개쑥부쟁이, 그리고 벌개미취 꽃을 관찰해 보아라."

나는 현실과 자연을 깊게 관찰하고, 시를 더 구체적으로 표현할 것을 암시적으로 말했다. 그 애는 계면쩍은 듯, 그러나 무엇인가 깨달은 듯 텃밭에서 이 꽃 저 꽃 향기를 맡으면서 어슬렁거리다가 돌아갔다. 하지만 재빨리 말귀를 알아듣고 바로 실천에 옮겼다. 그건 달라지는 그 애 시를 보면 금방 알 수 있었다.

'눈치가 빠른 것은 감수성이 예민하다는 것이지. 헌데 세상의 그 이면을 응시하는 힘은 나이를 더 먹어야 할 텐데…….'

거기까진 설명해 주지 않았다. 그러려면 시련이 따르고 고독을 극복하는 힘이 필요하니까 말이다. 어쨌건 그 애는 텃밭의 단풍나무 그늘에 놓인 긴 의자에서, 그렇게 꾸준히 써 온 시를 내가 연필로 수정해 주면 다음에 고쳐서 다시 정리해 왔다. 부쩍 시가 늘은 기색이 역력했다. 그래서 새 공책을 마련하여 다시 깨끗하게 정리해 놓으라면서, 이번엔 좀 어려운 제목을 던져 주었다. 바로 '손'과 '발'이었다.

은혜는 한동안 나타나지 않았다. 아마 끙끙거릴 것이다. 아마 나한테 '그건 뻔한 이야기'라고 핀잔 듣는 것에 자존심이 상했을 것이다. 예술은 독창성, 곧 개성이라는 말을 여러 번 들었을 테니까. 나는 좀 눈높이를 높여 주고 싶었던 것이다. 또 기승전결 구성법에서 두 사물을 결합시키는 '전환의 비법'을 가르치고도 싶었다.

그런데, 어느 날은 수업이 끝나 교실을 나오는 나를 따라오면서 제법 시를 아는 체했다.

"선생님, '모과' 시가 좋은데…… 왜 맘에 안 들어 하세요?"

하면서 내가 교실에서 들려준 내 〈모과〉 시가 좋단다. 바로 내 시의 분위기, 모과의 상징성, 그리고 은유적 연관성을 알아차렸다는 뜻이다. 은유가 자연과 세상을 친구로 만들어 주는 마법의 지팡이라는 것을 어렴풋이 이해했다는 뜻이다. 하기야 그 애도 슬픔과 아픔을 아니까. 예전의 나처럼 가난의 고달픔을 겪고 있으니까 서로 통했을 것이다.

"은혜야, 시는 예술의 여신인 뮤즈의 비위를 맞추는 것이라고 내가 젊을 때 어떤 선생님에게 들은 일이 있었다. 시는 음악처럼 암시하면서 감동을 주는 거란다. 그게 힘든 대목이지. 자기의 슬픔을 승화시켜서 다른 사람들을 울게 만드는…… 그런 건 참 힘이 들지 않니?"

은혜는 대답이 없었다. 내 이야기가 어려웠겠지만 침묵으로 긍정하는 듯했다. 시로 통한다는 것은 딱히 말이 필요 없을 때도 있기 때문이다. 시로 감정이 서로에게 흘러간 것이리라.

그날 이후로 내가 궁금해 할 만큼 은혜는 한동안 발길을 뚝 끊었다.

하지만 다시 나타났다. 은혜는 '발' 대신 〈양말〉이란 시를 내밀었다.

그림자 속에 숨어 / 손을 숨기려는 어머니처럼 // 자신을 상처 내며 / 손가락을 숨기려는 골무처럼 // 그랬을 겁니다. // 아무 눈물 없이도 / 신발 속에 숨어 있었을 겁니다. // 그림자 없는 / 양말 한 켤레에 / 나는 또 감사하게 됩니다.

은혜는 드디어 뮤즈처럼 까다로운 내게 칭찬을 받기 시작했다. 물이 올랐는지 그 해 가을 내내 은혜는 무려 열다섯 편의 시를 완성했다. 그 시 중에 다섯 편을 골라 문학상에 출품했더니 다섯 명 입선자 속에 끼었다. 은혜의 감수성이 빛을 낸 것이다. 하지만 은혜는 아직 2학년이다. 좀 더 기다리면서 늦가을 감처럼 서리가 올 때까지 익어야 할 것이다.

어느 날 은혜에게 누구 시를 좋아하냐고 물었다. 특별한 시인이 없는지 머뭇머뭇했다. 나는 은혜에게 시집을 한 권 주었다. 식민지 시대부터 현대까지 유명 시인들의 시를 연대순으로, 또 작품 해설까지 한 시집이었다. 그걸 통독하면서 자기가 좋아하는 시인을 찾고, 아직 공부하는 학생이니까 흉내를 내 보라고 권유했다.

"은혜야, 유명한 시인이 되면 좋겠지? 그건 쉽지 않은 법이다. 하지만 평생 시를 사랑하면서 살아가는 사람도 멋지지 않겠니? 선생님처럼 말이다."

은혜는 아무 말도 없이 다소곳이 내 말을 들었다. 나는 그 애가 교실 맨 뒤 책상에 혼자 앉아서 무엇을 고민하고 궁리했는지 어렴풋이

엇비슥한 슬픔이 배어 있는 그 애 웃음 뒤에 있는 그늘은
나를 늘 아프게 했다. 문득 베토벤의 말이 떠올랐다.
'나의 예술은 가난한 사람들에게 바쳐져야 한다.'

이해할 것 같았다. 그래서 수업 시간에 늘 주눅이 든 듯 보이는 은혜를 앞으로 나오라고 하여 그 애 시를 낭독시키고, 박수를 흠뻑 받게 한 뒤 소감을 물었더니,

"저도 무엇인가 할 수 있다는 자신감을 얻었어요!"

하면서 그래도 좀 부끄러운지 슬그머니 웃었다. 그 엇비슥한 슬픔이 배어 있는 그 애 웃음 뒤에 있는 그늘은 나를 늘 아프게 했다. 문득 베토벤의 말이 떠올랐다.

'나의 예술은 가난한 사람들에게 바쳐져야 한다.'

그리고 베토벤이 귀가 먹은 뒤에 무한한 절망과 고통 속에서 그 유명한 교향곡들을 창조했다는 것을 기억했다. 또한 살아생전 작품을 단 한 편밖에 팔지 못한 화가 고흐가 죽은 뒤에 유명해졌다는 사실도…….

정은이는
왜 남선생이 싫을까

"자, 다 끝났다. 만세를 한 번 불러 봐!"

아이들은 만세도 부르고, 손뼉도 치고, 고함을 지르면서 떠들어댔다. 심지어 교실 통로를 돌아다니는 놈, 휴지 걸개 쪽으로 걸어가서 코를 푸는 놈도 있다. 하기야 저런 아이들을 데리고 정말 지겹기도 한 국어와 생활국어, 그러니까 일 년에 네 권의 책을 마친 것 아닌가.

"다음 시간엔 책거리를 하자. 예전에 서당에서 책을 한 권 마치면 음식을 마련하여 훈장님께 대접했단다. 집에서 계란이랑 빈대떡, 고구마 같은 음식을 손수 장만해 가지고 와서 한 시간 함께 먹고 놀자."

"와—"

여학생들은 음식을 먹으면서 정답게 담소하는 것보다 더 신나는 것이 없는 모양이다. 다음날 나는 옹기종기 모여 앉은 책상 사이를 돌

아다니면서 제물 음식을 좀 걷어 교탁에 차려 놓았다. 그리고,

> 국어 귀신이여!
>
> 우리 게으른 인간들 공부 잘 하게 도와 주셔서 감사하옵나이다.

칠판에 그렇게 큼직하게 쓰고, 마지막에 뭐라고 쓸 것인지 물어보았더니, '아멘' 이란다. 나는 아멘이 '동의합니다' 는 뜻이라고 설명해 준 뒤에 "이 게으르고 걸신들린 놈들아, 마음껏 먹어라."고 농을 했다. 그리고 제물로 걷은 음식을 거지들에게 나누어 주었다. 음식을 준비하지 않은 친구들이 쑥스러워 할까 봐서 그렇게 장난스럽게 불러 주었던 것이다. 그래도 별로 부끄러워하지 않고 잘들 먹어 댄다.

'먹을 때는 개도 안 건드린다고 하지 않았던가!'

아이들이 무엇을 먹을 땐 아무 말도 통하지 않는다. 그냥 그렇게 먹게 놔두었다. 그리고 1학기 때 보니까, 음식을 먹고 난 뒤 아이들은 '프라이팬' 이나, '삼육구' 같은 것을 하면서 놀려고 할 것이다. 하지만 성탄절도 얼마 남지 않아서 크리스마스 캐럴을 들려주기로 했다. 멀티미디어 담당 현정이가 컴퓨터에서 금방 찾아냈다. 캐럴이 흥겹게 흘러나왔다.

'루돌프 사슴 코, 고요한 밤, 화이트 크리스마스…….'

자기 음식과 이웃 친구들의 음식을 다 먹은 아이들은 돌아다니면서 맛있는 것을 날름 집어 먹고, 그게 기분이 좋은지 엄청 떠들기 시작했다. 그걸 중단시키고 '빙 그로스비' 가 부른 〈화이트 크리스마스〉를 다시 흘러나오게 한 나는 준비한 악보를 나눠 주었다.

"자, 그만 자리에 돌아가 앉으세요. 이 노래는 선생님이 고등학교 3학년 때 그날따라 함박눈이 펄펄 날리는 날이었는데, 영어 선생님이 손수 가르쳐 준 노래야. 지금부터 삼십 년 후에 이맘때쯤 눈발이 흩날리면 오늘을 잊지 못하고 기억하는 사람도 있을 거야."

표정 변화가 예민한 지원이는 고개를 숙이고 그윽하게 무얼 생각하는 것 같았다. 나는 그런 그 애 표정을 좋아한다. 내 말의 효과를 알려주는 온도계니까.

"글쎄, 그 영어 선생님처럼 삼십 년 뒤에 나는 이 세상 어디에 있을까? 아마 사람이 아닐 거야……."

조금 청승맞은 얘기였는지 아이들은 숙연해졌다. 저음으로 나직하고 깊게 파고드는 빙 그로스비의 정다운 노래를 다 들려주고, 한 소절씩 따라 부르라며 선창을 했더니 아이들은 여기저기서 킥킥대거나, 참지 못하고 죽어라고 웃어대는 놈들도 있다. 내 목소리가 이상하다는 뜻이다.

"웃지 마. 고음은 그냥 올라갔다고 하고…… 대충 따라서 흉내만 내 보세요. 헌데, 눈 쌓인 나무 꼭대기가 빛난다는 표현, 그리고 산타클로스 할아버지가 눈길에 타고 오는 썰매 방울 소리가 '딸랑딸랑, 딸랑딸랑' 참 감각적이지 않아? 거기에다 꿈 많은 어린이들이 산타를 기다리면서 듣는……."

컴퓨터에서 다시 한 번 빙 그로스비의 노래를 들려주어 익히게 하면서 요즘 아이들이 왜 성탄절에 별로 관심이 없는지 곰곰 생각해 보았다. 예전에 우리들이 가난하고 춥고 몹시 외로울 때 길거리에서 이 노래만 흘러나오면 괜히 가슴이 설레곤 했는데……. 그처럼 그리움이 많았는데……. 지금은 먹고 살 만하여서일 것이다. 하기야 재미있는 게 얼마나 많은 세상인가.

책거리를 마치고 나서 다음 시간엔 잔디밭에 모이라고 했다. 겨울이니 강강술래로 좀 뛰게 할 생각이었다. 교과서를 마쳤으니 몇 시간 좀 자유롭게 가르쳐 주고 싶은 게 있었다. 그도 그럴 것이 일 년 동안 꼼꼼하고 지루한, 그러면서 좀 엄숙한 수업을 진행해 왔기 때문에 학년 말이니 이제 좀 풀어 주면서 행복한 시간을 가지게 하고 싶었던 것이다. 물론 중간 체조 시간에 요가도 가르치고, 노래와 손동작을 곁들인 '개똥벌레' 나 '앞마을 순이' 같은 율동도 가르쳤지만 그것으로 한창 자유롭게 뛰어놀 아이들이 침칠이나 되겠는가.

학년 초에 나는 아이들에게 겁을 주면서 좀 심한 요구를 하는 편이다. "수업 시간에 기지개를 켜지 말고, 머리 빗지 말고, 하품은 손으로 가리고 해라. 화장실에 갈 때는 손가락 한 개, 대변일 때는 손가락 두 개, 방구일 때는 손가락 세 개로 신호해라."고 하면서, 자칫하면 엉망진창이 되는 교실을 장악하기 위하여 감점을 하면서까지 꽤 엄한 다짐을 받는다. 그 이유는 몇 번 철없는 아이들에게 당해 봤기 때문이다.

"선생님, 똥마려워요!"

국어 시간에, 그것도 여학교 2학년생이 교양 없이 불쑥 그런 말을 내뱉는다. 공부께나 하는 학생이 말이다. 그래서 미리 다잡았던 것이다. 자칫하면 교실이 무너져 걷잡지 못하니까.

날씨가 갑자기 추워졌지만, 다음날은 다행히 견딜 만했다. 나는 잔디밭 소나무 아래 햇살 따뜻한 곳으로 들뜬 아이들을 모이라고 하고 강강술래 악보를 나누어 주면서 노래를 가르쳤다.

"걷고 뛰면서 하는 강강술래 노래는 생략하고, '남생아 놀아라'를 따라 하세요. 남생이는 흉내를 잘 내는 거북이 비슷한 물짐승이에요."

남생아 놀아라 촐래촐래가 잘 논다
호박아 놀아라 둥글둥글이 잘 논다

"이처럼 별명을 부르면, 흉내 잘 내고 춤을 잘 추는 그 친구가 강강술래 원 안으로 나와서 남생이처럼, 호박처럼 춤추고 노는 거야. 시간이 없으니, '고사리 꺾기' 로 넘어갑시다. 따라 해 봐요. 돌림노래니까, 왼쪽은 앞소리꾼, 오른쪽은 뒤 소리꾼이야."

> 꺾자 꺾자 고사리 대사리 꺾자, 나무 대사리 꺾자, 한라산 고사리 꺾거다가 우리 아배 반찬 하세, 유자콩콩 재미나 넘자, 아장장장 벌이요

아이들은 이어서 '청어 엮기, 멍석 말기, 대문 열기, 꼬리 따기, 기와 밟기' 등 노래를 다 배우고 난 뒤 두레별로 나누어 하나하나 놀이들을 따라 했다. 신나고 흥겹고 웃음이 떠나지 않는 놀이판에서 나는 좀 힘이 부치고 잔디가 불쌍했지만 모처럼 함께 뛰면서 즐거워했다.

그렇게 어울려 노는 중에 '고사리 꺾기' 시범을 보이면서 뜻밖의 경험을 한 것은 큰 소득이었다. 마침 정은이가 내 손에 잡혀서 두레의 대장 역할을 하게 되었는데, 그 애가 손을 잡지 않으려고 도망가는 것이었다. 나는 요리조리 피하면서 아이들 사이로 숨는 그 애를 끝까지 쫓아가서 마침내 그 애 손을 잡고 고사리 꺾기를 가르쳤다. 그 애는 부끄러운지, 아니 내가 좋아서는 결코 아니겠지만 얼굴이 붉게 상기된 채 그래도 고분고분 시키는 대로 따라 했다.

"하핫 하하하 하……."

그런 모습을 보면서 아이들은 한없이 웃었다. 도망치는 정은이, 그리고 그냥 놔두지 않고 끝까지 쫓아가서 마침내 싫다는 손을 잡는 늙은 선생을 보면서 '다 안다' 는 얼굴로 웃어댔다. 그런데 그럴 만한 이유가 있었다. 그 애와 나는 개와 닭 사이, 그러니까 내가 늘 쫓으면 지

붕으로까지 도망치는 아이였다. 이 세상을 피하여 어디 노아의 방주에라도 숨고 싶은 듯.

정은이는 수업 시간에 졸리면 엎드리고 자는 게 습관이 된 아이다. 다른 시간엔 어떤지 모르겠지만, 나는 그런 꼴을 절대 인정하지 않았다. 수업이 지루해서 그냥 앉은 채 졸면 못 본 체할 수 있지만, 엎드리는 것은 수업을 거부하는 반항이라고 아무리 타일러도 그 애는 그때뿐이었다.

"엎드리지 마라, 졸리면 바닥에 내려가세요, 뒤에 가서 서 있어라, 세수하고 와, 이리 나와라, 반성문을 써 와라!" 등등 아무리 그 버릇을 고쳐 주려고 해도 다음 시간이면 제 맘대로 엎드렸다. 그러다가 그 애는 나를 미워하게 되었고, 나는 수업의 맥을 끊는 그 애에게 몹시 짜증이 났던 것이다. 알고 보니 다른 시간에도 그처럼 행동한단다.

1학년 때 충청도 어느 도시에서 전학을 온 그 애는 엄마 없이 동생과 은행에 다니는 아빠와 함께 생활하고 있었다. 큰 딸이다 보니 살림을 떠맡아야 했고 너무 힘들어서 끝없이 졸았던, 아니 자고 싶었던 것이다. 측은한 아이였다. 얼굴도 까칠까칠한 게 마른버짐이 보였다.

'엄마가 몹시 필요한 사춘기 여학생인데…….'

그런데 여름방학 때 그 애의 독후감 숙제를 보고 깜짝 놀랐다. 권정생의 〈몽실 언니〉를 읽고 자기보다 더 불행한 사람들이 있다는 사실을 깨달았다고 했다. 나는 수업 시간에 정은이는 독후감을 참 잘 쓴다고 칭찬하여 주었다. 정은이는 부끄러워하면서도 흐뭇하게 웃었고, 그 뒤로 나와 관계도 좀 나아졌다. 더구나 그 애는 점수에 집착이 있는 아이라서, "선생님을 미워하면 저만 손해야! 성적이 떨어지거든."

하나가 될 수 없을까? 늙은 선생도, 매일 조는 아이도, 부잣집 아이도, 엄마가 없는 아이도. 팍팍하지만, 입시에 치이지만, 우리 아이들에게는 쌓인 것들을 풀고 한 덩어리가 되는 대동을 가르쳐야 하지 않을까. 그래야 꽃으로, 들풀로 활짝 피어날 테니…….
(그림은 특활 시간에 만든 아이들의 공동 작품이다.)

이라고 항상 강조하는 내 말을 곰곰 되새기는 눈치였다.

그런 정은이였으니 내 손에 고분고분 잡힐 리가 없었다. 그래도 그걸 아는 나는 형사가 범인을 끝까지 추적하여 체포하듯이 싫다는 정은이 손을 잡았으니, 아이들이 얼마나 웃었겠는가. 짓궂은 제자들이고, 또 역시 지겨운 선생이다. 그래도 역시 강강술래에서 가장 재미있는 것은 '대문 열기' 다. 맘껏 선생을 때릴 수 있기 때문이다.

문지기 문지기 문 열어 주소. 열쇠 없어 못 열겠네

"두 줄로 늘어서 보세요. 그리고는 두 손을 들어 깍지 껴 위아래로 오르내리면서 대문을 통과하는 사람을 때리는 거야. 노래를 부르면서……. 자, 선생님이 먼저 시범을 보일게!"

나는 허리를 구부리고 아이들 대문을 통과하면서 맞아 주었다. 하지만 신속하지 않으면 아이들에게 등뼈가 바숴질지도 모른다. 특히 나를 못마땅하게 여기는 힘 센 놈들, 내게 들볶인 악동들에게 말이다.

아이들은 엄청 좋아했다. 소나무 잎사귀가 흔들리도록, 건물의 유리창이 흔들리도록 괴성을 지르고, 깔깔대고, 넘어지고, 무지무지하게 흥분이 되는지 눈물까지 찔끔거리는 놈들까지 보였다. 학부형인지 아니면 손님인지 잘 모르겠지만 그처럼 흥겹게 노는 광경을 보고 기분 좋게 웃으면서 지나갔다.

나는 이 강강술래를 김종호 선생에게 배웠다. 강강술래 놀이는 고사리를 꺾거나 엮은 청어를 풀어도, 또 꼬리를 딸 때까지 모두 손이나 몸을 잡고 있는 점이 무척 좋았다. 바로 대동大同놀이가 아니던가, 쌍인 것들을 풀고 한 덩어리가 되는. 정은이와 내가 그랬듯이.

'그런데 정은이는 왜 초등학교 때부터 남자 선생님들이 싫었다는 것일까…… 단순히 아빠 탓일까?'

나중에 알았지만, 정은이는 결혼하지 않고, 돈을 많이 벌어서 친한 여자 친구와 함께 살고 싶다고 했다. 곁에서 그 애 친구가 반문했다.

"너 그 여자 친구가 결혼하면 어떻게 할 거니?"

"……."

"너 혹시 청개구리 아니니? 엄마가 그리워서 그러지?"

아름다운 기쁨

들꽃학교 책이 나왔을 때 흥분한 아이가 또 있었다. 김송영 선생 반 부회장인 1학년 수진이다. 그 애는 한솔이, 희조, 은혜의 뒤를 이어 늦가을부터 보인이와 함께 텃밭 일을 하기 시작했는데, 어느 날은 그 애 엄마가 나에게 배웠고, 이모는 내 반 학생이었다고 털어 놓으면서 내 책도 하룻밤에 다 읽었다고 자랑했다. 심지어, "내년에 텃밭 하나 줄 수 없어요?" 하고 조르기까지 했다.

그렇게 졸졸 따라다니는 수진이, 보인이와 함께 가을 텃밭 일을 마무리하기 시작했다. 가을이 길어 2학년 네 반과 함께 가을 교정의 은밀하고 정다운 곳을 산책하면서 하던 감정교육을 마쳤는데도 단풍은 마냥 곱기만 했다. 날씨가 별 변동 없었으니 단풍이 아름답기 마련 아니겠는가. 햇살을 받은 홍단풍은 불타는 듯했고, 화살나무 단풍은 꽃처럼 어여삐 아이들이 탄성을 질렀다. 은행잎도 노란 색깔이 아이들 살결 마냥 보드라웠고, 감나무 잎사귀는 정다운 여인처럼 정말 붉었다. 라일락 잎이나 담쟁이덩굴도 봄날 복사꽃이나 살구꽃인 듯 마냥 붉게 물들어 금년 가을은 황홀하다 못해 사람의 마음을 쓰리게 했다.

그런 가을에 수진이는 자기 이모의 옛 담임선생과 함께 일하는 것이 좋은지 6교시만 끝나면 보인이와 함께 부리나케 상담실로 달려왔다. 수진이는 양 송곳니를 드러내고 웃으면서 물었다.

"선생님! 오늘은 뭐해요?"

나는 텃밭 앞 은행잎을 비질하라고 대꾸하면서 먼저 나가라고 했다. 6교시 수업이 끝나면 차도 한 잔 마시고 담배도 한 대 피우고 싶은데, 놈들이 극성을 부리니 좀 성가셨던 것이다. 하지만 아이들만 보내 놓고 되는 일이 아니다. 조금 앉았다가 밖으로 나와 보니 수진이의 비질이 건성이다. 쓸어도, 쓸어도 끝없이 떨어지는 은행잎을 치우면서 좀 지겨운 모양이다.

"아름답지 않니, 노란 은행잎 비질하는 일이? 보인이 좀 봐라. 얼마나 차분하니?"

보인이는 온순하고 조용한 반면, 수진이는 동작이 잽싸고 말도 많고 잔소리까지 곧잘 했다. 특히 담배 냄새에 민감하여 내게 머퉁이(꾸지람)를 얻어먹어도 그때뿐이다. 수진이가 얼굴을 찡그리며 담배 냄새가 난다고 말하기에,

"너, 나중에 담배 피우는 남자와 사랑에 빠지면 어떡할 거야?"
라고 했더니 담배를 끊게 하겠다고 당차게 내뱉고도 졸졸 따라다니면서 종알거렸다.

텃밭은 이미 김종원 선생과 함께 고춧대, 지저분한 토마토와 고구마 줄기 같은 것들을 대충 정리했지만, 할 일이 많이 남아 있었다. 마, 으아리, 꿩의종아리에 댄 받침대와 끈 정리하기, 범부채와 도라지와 더덕 씨앗 받기, 취나물과 도라지, 벌개미취의 마른 가지 자르기, 애기나리와 둥굴레, 솜나물 자잘한 가지 정리하기, 그리고 풋말 뽑아 닦기 등등 할 일을 매일 조금씩 시키면서 며칠에 한 번씩 사탕을 주었다. 한데 게 눈 감추듯 금세 사탕을 해치워 버리는 것이었다.

"사탕을 깨물어 먹으면 이빨 썩어."

그리 주의를 줘도 건성 나발이다. 하기야 요즘 아이들은 어른들을 닮아 먹고 노는 데 도사들 아닌가.

아래 텃밭 큰 일을 대충 끝내고 위 텃밭에 좀 지저분해지는 벌개미취 꽃대를 가위로 자르라고 했더니 한 가지를 잘라서 곁에 놓고, 또 한 가지를 잘라서 그 위에 포개 놓는 일을 반복하는 것이었다. 그걸 보다 못해 내가 손수 시범을 보여 주었다.

"수진아, 보아라. 이렇게 한 가지를 잘라 왼손에 쥐고 계속해서 잘라 왼손에 거듭 모으면 일이 빨라지지 않겠니?"

'앓느니 죽는다' 고 아이들 일을 지켜보느니 차라리 내가 해치워 버리는 것이 낫지만, 그래도 앙증맞게 일하는 모습을 지켜보는 것은 흐뭇하다. 다음 날은 장갑을 끼고 전지가위로 감국과 취나물 꽃대, 쑥부쟁이, 한라구절초, 당귀 가지를 잘라 내니 스산했던 위 텃밭이 전체적으로 한결 개운했다.

"봐라! 전지가위는 예리하니 장갑을 끼지 않으면 위험하단다."

가을이 길어 2학년 네 반과 함께 가을 교정의 은밀하고 정다운 곳을 산책하면서 하던 감정교육을 마쳤는데도 단풍은 마냥 곱기만 했다.

나는 좀 삐져나온 단풍나무 가지를 싹둑 잘라 전지가위의 위험을 가르쳐 주었다. 예리하여 자칫 손가락을 잘릴까 봐 아이들에게 넘겨 주지 않던 것이었다.

"선생님, 저게 뭐예요? 저것도 잘라요?"

"부추 꽃대 마른 거야. 향신료로 먹는 부추 있지 않니?"

그걸 한두 개 자르는 아이들을 말렸다. 굳이 잘라야 할 필요가 없는 듯싶었다. 좀 쓸쓸한 모습도 겨울의 아름다움이 아니겠는가 싶었던 것이다. 부추는 애처롭고 하얗게 마른 채 서 있긴 했지만.

다음날은 양호실 앞 벌개미취와 세잎국화, 감국, 불그레한 강아지풀을 전지가위로 베고, 추레하게 서 있던 맨드라미와 공작꽃도 처치하여 텃밭에 깔아 주고 나니 별로 할 일이 없어져서 텃밭 고랑의 낙엽으로 들꽃을 덮어 주라고 했더니 시들시들 흥미 없다는 표정이다.

"겨울에 자칫하면 얼어 죽으니까 낙엽 이불을 덮어 주는 거야."

들꽃 밭 울타리인 통나무를 타고 노는 수진이는 가끔 발을 헛디뎌 들꽃들을 밟기도 하여서 내가 경계하면서 가르치는 말이었다. 헌데 잘 관찰해 보니, 답답하다고 외투도 입지 않고 목도리만 감고 다니는 수진이가 성질이 급하다는 것을 깨달았다. 그래서 텃밭 파는 일을 시켰다. 삽질하는 요령을 가르쳤더니 곧잘 파서 뒤집었다. 고구마를 캔 뒤끝이라 별로 힘이 들진 않아 보였다.

'이놈들 맛 좀 보여 줘야지……'

나는 텃밭 일이 심심하고 재미로나 하는 일이 아님을 보여 줄 때가 되었다고 판단했던 것이다. 그래서 아저씨들이 잘라 텃밭에 눕혀 놓은 은행나무와 향나무를 들고 오라 해서 톱질을 시켰더니, 수진이는

들꽃처럼, 아름다움은 가만히 숨어 있다.
들꽃 같은 미소처럼, 소녀들이 간직한 비밀처럼, 남녀들의 사랑처럼,
쉽게 눈에 띄지 않는 것을 알아가는 것이 아름다운 기쁨이 아니겠는가.

함부로 말을 내뱉었다.

"어느 천 년에 잘라요?"

"이놈아, 건방 떨지 마. 천리 길도 한 걸음부터고, 티끌 모아 태산이라는 속담 못 들어 봤어?"

나무가 물을 먹어서 톱질은 쉽지 않았다. 그래도 침착한 보인이는 서툴고 어설프지만 끈기 있게 톱질을 했다. 나는 수진이 들으라고 칭찬을 했다.

"보인이 좀 봐! 얼마나 끈기 있게 톱질을 하는지."

보인이가 슬그머니 웃었다. 그 애 웃는 걸 처음 보았다. 그 뒤에 김종원 선생이 성능이 좋은 톱을 가져와서 톱질은 좀 수월해졌지만, 그래도 텃밭 일이 쉽지만은 않다는 것을 가르친 셈이다. 그때 지나가던 배연형 선생이 웃으면서, "내일은 저기 서 있는 은행나무를 잘라 보라

고 해요!"라고 말하니, 수진이는 "전기톱으로 잘라야죠." 하면서 얼른 도망가 버렸다. 좀 설치지만 영특한 놈이다.

그처럼 활발한 수진이는 교무실이나 상담실 주변에서 아이들을 끌고 얼씬거리면서 자주 얼굴을 비쳤다. 또 점심시간에 제 반 아이들을 데리고 텃밭 한 뙈기를 팠다고 자랑을 늘어놓기도 했다. 나는 자기 아빠처럼 졸졸 따라다니는 그 아이들이 귀찮아지기 시작했다. 이것저것 마음이 바쁜 학년 말이고 텃밭에서 할 일도 별로 없는데 자꾸만 쫓아왔다. 견디다 못해 나중엔 떡 한 개씩을 나누어 주면서 금년엔 텃밭 일을 그만 하고 내년에 담임선생과 함께 텃밭을 신청하라고 했다. 그러면서 컴퓨터에서 내가 찍은 여러 종류의 들꽃 사진을 보여 주었다.

"봐라, 이 금낭화를 수 십장 찍었지만 모두 다른 아름다움이 있지 않니? 또 피나물 꽃도 보아라. 노란 꽃과 초록 잎의 색감이 모두 다를 뿐만 아니라, 분위기가 다르지 않니? 둥굴레 꽃도 모양과 색깔, 개별 꽃이냐 군집 꽃이냐에 따라서 다르지? …… 그런데, 너 반에서 몇 등이나 하니?"

"이등이요."

"잘난 체하지 말고 우리나라에서 몇 등인지, 아니 세계에서 몇 등인지 생각해 봐라. 공부는 선생님이 끝없이 꽃 사진 찍는 것처럼 꾸준히 하는 거야! 나는 십오 년도 넘게 들꽃과 친구가 되었단다. 어떤 고등학생은 우리나라의 시내라는 시내, 강이라는 강은 다 찾아다니면서 물고기를 공부하여 책까지 냈더라. 공부는 바로 그렇게 공부하는 거야."

내 잔소리에 보인이가 곁에서 슬그머니 웃었다. 나는 그런 보인이의 웃음이 참 좋다. 통 말이 없고 점잖은 보인의 웃음은 들꽃이 피는

1
2
금낭화[1], 피나물[2]

것처럼 조용하다. 보인이가 웃으면 나는 기분이 좋아진다. 그런데 왜 웃었을까?

'무슨 비밀이 있을까, 아니면 슬프고 아픈 일이 있을까?'

감추어 둔 보인이의 웃음처럼 잘 찾아보면 우리 학교에는 아름다운 이야기들이 너무나 많이 숨어 있다. 100종이 넘는 들꽃 말고도 소쩍새가 낮에도 울고, 언젠가 노랑 꾀꼬리도 찾아왔고, 몇 년 전에는 유럽에서 악마의 새라고 여기는 후투티라는 희귀한 새가 날아왔었다. 또 놀랍게도 어디선가 알을 깠는지 연못에 청둥오리가 새끼들을 데리고 헤엄치면서 잠깐 동안 산 일도 있었다. 결국 고양이가 새끼를 두어 마리 잡아먹어 끝내 동물원에 보냈지만……. 이 모두 소녀들이 간직한 비밀처럼, 남녀들의 사랑처럼, 그리고 무엇인가 찾고자 하는 수진이의 호기심처럼 아름다운 기쁨이 아니겠는가. 아, 그리고 보인이의 웃음도…….

겨울밤 별자리의 신화 여행

지구의 온난화로 포근한 가을이 유난히 길고 나뭇잎들이 마치 빨, 주, 노, 초, 파, 남, 보— 그런 선명한 무지개 색깔을 펼쳐 놓은 것처럼 찬란하더니, 겨울이 갑자기 찾아와 추위가 기승을 부리면서 몹시 추워졌다. 나도 담배를 피우는 신갈나무 근처에 나가는 것이 겁이 날 정도였다.

게다가 겨울방학이 예전보다 10여 일이나 늦추어졌다. 2월에 마치던 학년 말 업무를 연말까지 끝마치는 탓이다. 12월 말이 되자 선생들은 다들 지쳐 버렸다. 나는 너무 지루하고, 몹시 괴롭기까지 했다. 선생들도 이 지경이니 아이들이라고 다르겠는가!

나는 12월 마지막 국어 시간에 뭘 가르칠까 궁리하다가 '겨울의 아름다움'을 준비했다. 교실에 들어서자 평소처럼 내 시간이면 외투를 벗는 아이들을 제지하면서 운을 뗐다.

"내가 그리도 꽉 막힌 사람으로 보이나요? 추우니 그냥 입고 있어요. …… 그런데 겨울을 좋아하는 사람 손들어 봐?"

어리둥절해 하면서도 여기저기서 손이 올라왔다.

"아, 나를 닮았구나! 그러면 겨울의 아름다움은 어떤 거예요?"

아이들은 "함박눈이요, 방학이요, 잠자는 거요, 여행이요." 등 제각각 좋아하는 것을 들춰내면서 재미있는 듯 떠들었다.

"겨울은 봄을 기다리는 맛이 으뜸이지만, 벌거숭이 나무들을 보는 것도 재미야. 잎을 버린 나무는 겨울에 자기를 다 드러내거든. 어떤 시인이 말했는데, 싸리비를 닮은 버드나무는 흰 구름을 쓰는 것 같고, 바람 부는 밤엔 별들을 비질하는 것 같지 않아?"

아이들은 그런 땐 참 조용해진다. 어떤 놀랍고 신기한 발견을 했을 때처럼 말이다. 나는 겨울나무의 개성을 소개했다. 남성적인 참나무, 여성적인 목련, 고전적인 은행나무, 현대적인 플라타너스, 히드라나 괴물의 손처럼 구부러진 엄나무, 그리고 가지 잘린 가로수를 보는 법을 안내했다. 그리고 간들간들 늘어진 능수버들의 풍류도 곁들이고, 달밤에 거닐면서 아름드리 소나무 솔잎 사이로 보름달을 보는 법을 알려 주면서, 도가道家의 원상법原象法을 설명해 주었다.

즉 참나무 잔가지 끝에서 굵은 가지로, 다시 잔 가지로 눈을 옮기면서 한없이 가지를 주시해 가면 마침내 뿌리로 내려가고, 수십 년 전 어느 봄날 참나무 열매인 도토리에 도착하는데, 그 전의 삶으로 몇 번이건 거슬러 올라갈 수 있다는 이야기였다.

"여러분, 전생이 있을까?"

| 1 |
| 2 |
| 3 |

잎을 버린 나무는 겨울에 자기를 다 드러낸다. 남성적인 **참나무**1, 여성적인 목련, 고전적인 은행나무, 현대적인 플라타너스, 히드라나 괴물의 손처럼 구부러진 **엄나무**2, 가지 잘린 가로수, 그리고 간들간들 늘어진 **능수버들**3…….

있다, 없다 아이들은 늘 떠들었다. 나는 수십 년 전 도토리가 땅에 떨어져 봄에 싹이 나서 햇빛에 반짝이던 그 순간에,

"여러분은 어디에 있었나요?"

하고 물어보았다. 아이들은 그런 질문을 처음 받아 본 표정이 뚜렷하다. 하지만 어른들도 그런 점에서는 아이들과 별반 다르지 않을 것이다. 죽음에 대하여서는 고대인이나 현대인이나 거의 무지한 것이 인간이니까.

"엄마 몸속에요. …… 천국에요. …… 하늘나라요. ……."

한 발을 현실에 디뎠지만, 다른 한 발은 늘 환상에 담그고 사는 아이들은 별의별 대답을 다 한다. 심지어 하늘나라에 있었다는 놈들도 나오니.

"좀 과학적으로 생각하면 어떨까?"

"……."

나는 아빠의 정자, 엄마의 난자, 그리고 부모가 좋아하는 음식을 예로 들어 결국 콩나물국을 좋아하는 아빠는 콩, 된장찌개를 즐기는 엄마도 전생에 콩이었다는 결론에 도달하는 대화법을 여러 번 사용했었다.

"어쩌면 그 콩의 꽃에 앉았던 표범나비였을지도 모르지……."

아이들은 갸웃거렸지만, 나는 원상법이란 전설이나 동화의 세계처럼 상상의 방법, 곧 존재의 깊이와 폭을 넓히는 아름다운 사색이란 것을 설명해 주고 싶었다. 즉 죽은 심청이가 연꽃 속에 태어나 왕비가 되기도 하고, 도술을 부려 혹은 꿈의 문을 통하여 실제 하늘을 날거나 저승 세계에 가기도 하고, 또는 콩 넝쿨을 타고 하늘에 올라가 해와

달이 되기도 한다고.

겨울의 아름다움에 대한 이야기가 또 삼천포로 빠졌다. 잠시 생각하다가 '겨울밤에 아름다운 것' 쪽으로 겨우 이야기의 방향을 바로잡았다.

"겨울에, 아니 겨울밤에 아름다운 것은?"

그렇구나! 별보다 아름다운 것이 있을까! 그건 신비롭기 때문일 것이다. 그리고 신비로운 고대문명의 꽃을 피웠던 이집트 쪽으로 다시 이야기의 물꼬를 트기 시작했다.

"이집트의 기자라는 도시에 가면 세 피라미드가 있는데, 가장 큰 쿠푸 왕의 피라미드는 높이가 무려 156미터인데, 1톤짜리 돌을 250만 개나 쌓아서 만든 것이란다. 어마어마하지? 그런데 달에서도 보인다는 피라미드를 왜 만들었을까?"

"……?"

"피라미드는 왕의 무덤이면서 동시에 특별한 종교 의식을 치르던 장소라고 주장하는 학자가 있단다."

그런 말을 하면 눈이 빛나는 아이들이 있다. 과학을 좋아하는 아이들보다는 문학적인 감각이 있는 다혜나 진송이, 지은이 같은 아이들이다. 참 이상한 호기심인 셈이다. 그런데 그 애들보다 더 눈이 반짝이는 아이가 있다. 학급 회장이지만 공부 시간에는 무엇인가 만지작거리면서 공상에 빠져 있는 영애다.

영애는 가정 형편도 넉넉하고 머리도 괜찮은데 수업에 집중하지 않아 국어 점수가 88점에 그쳐 있다. 늘 2프로가 부족한 듯한데, 별자리를 가르치니 눈이 번쩍 뜨이는 것을 나는 놓치지 않았다.

그런 아이들이 어디 그 애뿐이랴! 회장인데도 짝꿍과 더 떠들다가 교무실에 가서 매를 가지고 오라고 하자 슬금슬금 뒷걸음치면서 용서해 달라고 한 지란이, 또 가방을 뒤져 보니 정말 쓰레기통이나 마찬가지였던 아린이, 늘 멍하니 앉아서 왕자님을 만나러 가는지 큰 눈의 흰창만 돋보이는 한영이, 끝없이 엉터리 답을 말하는 다금이, 수업 시간에 아예 거울을 내 놓고 들여다보는 예쁜이 세은이, 하루도 빠짐없이 조는 진이……. 그런 애들이 유난히 재미있어 하는 것을 보면 수업이 지겹지 않고, 뭔가 새롭다는 것이 아니겠는가.

"피라미드는 정신의 부활을 위하여 죽음의 의식을 치르던 성당인데, 피라미드 속의 왕의 무덤, 왕비의 무덤, 지하의 무덤은 요가의 세 단전丹田과 꼭 닮았다고 어떤 학자가 주장한답니다. 그런데 왕의 무덤은 오리온자리와 용자리(지금의 작은곰자리), 왕비의 무덤은 큰개자리의 시리우스별과 이어져 있다는 이야기야."

"……? ……!"

"밤하늘에서 가장 빛나는 별이 무엇이지?"

"……?"

"별을 보기나 하나? …… 시리우스야……. 그런데 겨울에 돈 버는 방법을 가르쳐 줄까? 그래, 알았어요. 돈이라면 미치게 좋아하니…… 알려 주지. 겨울 밤하늘의 별자리를 알면 평생 겨울밤이 아름다워지니, 엄청나게 벼락부자가 되는 거야. 매일 밤 얼마나 벌까?"

아이들은 "백만 원요, 천만 원요." 하면서 떠들어대지만, 이미 내 마지막 수업에 흠씬 빠져 들었다. 이제 호기심을 끌었으니 다음은 준비해 온 겨울 별자리 그림을 나누어 줄 차례다. 그런 뒤에, "남쪽이 어디야?" 하고 물어보니 엉뚱한 북쪽 창문 쪽을 가리키는 아이들도 있다. 몹시 열중하는 영애도 마찬가지였다. 하기야 북한으로 가려면 어디로 가느냐고 물어도 서쪽을 가리키는 놈들이니까 말해서 무엇하랴!

"겨울밤 초저녁에 남동쪽 하늘을 보면 멋진 왕자님이 칼을 차고 여러분을 초대하러 오는데, 오늘밤 만나 볼 사람?"

"하늘에 그림이 있어요?"

영애는 유난히 눈이 휘둥그레졌고, 그 외에도 국어에 별 관심 없다가 놀란 아이들이 너도나도 손을 들었다. 그런 소녀들의 작고 하얀 손은 참 예쁘다. 그러려면 겨울 별자리를 알아야 한다면서, 나는 나누어 준 별자리 그림에서 오리온자리에 색연필로 색깔을 입히라고 지시했다. 조용하다. 그도 그럴 것이 늘 꿈에 왕자님을 기다리는 공주님들이니까 말이다.

그런 다음 사냥꾼 왕자님은 무엇을 데리고 다니는지 질문했다. 한참 만에 영애의 입에서 사냥개라는 답이 나왔다. 그걸 색칠하라고 하니, 열심히 칠한다. 이어서 엄마 사냥개는 무얼 데리고 다니느냐고 물으니 금세 강아지란다. 아이들이 좋아하는 강아지니까 그럴 수밖에. 그걸 색칠하게 한 뒤,

"그러면 오리온자리 일등성 베텔기우스, 큰개자리 일등성 시리우스, 작은개자리 일등성 프로키온을 연결하면 무슨 도형이 될까요?"

"정삼각형이요!"

동작 빠른 아이들, 주로 국어 시간에 졸던 놈들은 먼저 알아차리고 흥미로운 듯 크고 높은 소리로 대답한다.

"그게 겨울 밤하늘에서 기준이 되는 겨울 삼각형이지. 피타고라스

의 삼각형은 마법의 세계 아니니?"

그런 다음 사냥꾼이 뒤쫓는 것은 황소, 황소를 뒤쫓는 것은 사자, 사자를 뒤쫓는 것은 봄이라며 계절의 순환을 설명해 주었다. 지루한 겨울이지만 별을 떠올리면 봄이 곧 오고 꽃이 필 듯하여, 내심 흐뭇했다.

겨울 밤하늘의 별자리 그림에 열심히 행복하게 색칠하는 아이들 사이를 돌아보면, 그래도 진도를 따라오지 못하고 엉뚱깽뚱한 짓을 하는 놈들이 여러 명 있는 법이다. 하기야 나도 지진아였고 늦되기였다. 겨울 밤하늘의 별자리를 알게 된 지가 몇 년 되지 않은 것이 그 증거다.

내 머릿속에 별자리가 반짝이며 자리 잡은 것은, 남양주시로 이사한 어느 밤부터였다. 빌라촌이지만 산동네라서 소나무와 참나무도 울창한 편이고, 목련이랑 진달래와 철쭉, 황매화, 불두화, 라일락 등 꽃나무, 후박나무와 넝쿨장미가 철따라 꽃을 피웠다. 무엇보다 감나무, 대추나무, 꽃사과나무, 심지어 살구나무와 복숭아나무, 호두나무까지 여러 과일나무가 군데군데 큼직하게 자라니 소위 전원주택이 부럽지 않았다. 게다가 하늘이 가깝고 별도 투명했다. 집이 다소 작고 낡아 허름했고, 흰머리 '흐연' 노인들이 어슬렁거려 나이가 제법 든 내가 인사를 너무 해야 하는 것이 흠이라면 흠이었지만.

산동네로 이사한 어느 날 밤인가 내 방에 불을 끄자 천정에서 별이 빛났다. 바로 야광별이었다. 한참 만에 별은 사라졌지만, 나는 곰곰 생각하다 알아차렸다.

'아, 내 방은 소년이 잠자면서 별자리 꿈을 꾸는 방이었구나!'

나는 다음날 그 소년의 시인 같은 엄마가 붙인 야광별을 모두 떼어 내고 겨울 별자리 책을 보며 천정에 그대로 붙여 나갔다. 두어 시간쯤 걸렸을까? 드디어 별자리가 시골 마당에서 보듯이 환히 드러났다.

그해 겨울은 목이 몹시 아팠다. 밤하늘에서 목을 뒤로 젖히고 겨울 별자리를 공부하기 시작했던 것이다. 물론 북쪽 하늘의 카시오페이아를 이용해서 북극성을 찾는 법은 오래 전부터 알고 있었다. 하지만 겨울 별자리 전체를 익힌 것은 그해가 처음이었다.

'그렇구나. 돌아가신 할머니도 도교를 믿던 고구려인들처럼 북두칠성을 칠성님으로 섬기면서 새벽 장독대에 맑은 샘물을 떠 놓고 내 수명을 빌었던 거였구나!'

동네 사람들은 밤이면 하늘을 기웃거리면서 이곳저곳 배회하는 나를 이상한 사람, 아니 미친 사람으로 보았을지도 모른다.

목은 몹시 아팠지만 그런저런 덕분에, 지금 겨울 별자리를 아이들에게 가르치고 있는 셈이다.

'자기가 가진 것을 나누어 주는 행복도 있지 않겠는가!'

아이들에게 별자리를 설명하며, 오리온자리는 이집트의 오시리스 왕이 죽어서 된 저승신이라는 것, 그리고 오리온자리의 허리 부분의 세 별이 기자의 세 피라미드와 닮았다는 천문학의 비밀, 또 기독교 부활의 수수께끼도 이집트에서 나왔다는 것을 가르치면서 아이들을 깨우쳐 주었다. 즉 그것들은 신화라고 말이다. 그러면서 나는 자애를 떠올렸다.

자애는 방학숙제로 소설인지 수필인지 분간할 수 없는 작품을 제출했다. 고고학자가 되려다가 자포자기에 빠진 주인공이 꿈에 고든

차일드를 만나서 그를 디딤돌 삼아 오리처럼 난다는 이야기였다. 비약이 심했다. 점수도 2프로가 부족하게 나갔다. 그런데 그처럼 횡설수설하더니 글 뒤 끝에 다음 같이 토를 달았다.

"인터넷에서 노래 가사로 소설 쓰기라는 글을 발견했습니다. 가사를 생각하며 그 이야기에 있었을 사건을 상상하며 글을 쓰는 것이었습니다. 저는 체리 필터의 '오리 날다' 라는 노래로 조심스레 소설을 써 보았습니다."

> 나는 꿈을 꾸었죠. 네모난 달이 떴죠 / 하늘 위로 올라가 달에게 말을 했죠 // 늦은 밤 잠에서 깨어 날개를 흔들었죠 / 오리는 날 수 없다고 엄마에게 혼났죠 // 이제는 하늘로 날아갈래요 / 하늘 위 떠 있는 멋진 팔을 베고 싶어 // 날아올라 / 저 하늘 멋진 별이 될래요 / 깊은 밤 하늘의 빛이 되어 춤을 출 거야 // 날아올라 / 밤하늘 가득 안고 싶어요 / 이렇게 멋진 날개를 펴 꿈을 꾸어요 // 난 날아올라 ……

나는 소설 속의 주인공처럼 되려는 자애의 꿈을 비웃는 것이 아니다. 꿈이야 말로 소녀들의 재산 아닌가. 단, 자애가 엉터리 소설을 써 낸 것처럼, 그 애가 늘 국어 시간에 빠지는 엉뚱한 공상의 실체를 파악하고 한참을 웃었을 뿐이다. 측은한 생각이 들었다고 해야 맞을 것이다. 왜냐하면 자애는 머리칼이 부수수하고 몸이 거대한 아이다. 한창 외모에 관심이 많은 사춘기 아이가 그러니 늘 고민에 빠져 있는 것은 당연하지 않겠는가. 어쩌면 자기를 오리로 비유하여 백조처럼 하

이 겨울 아이들도 고개가 아프도록 별을 보며, 잃어버린 별을 찾아 은하수를 담뿍 들이킨 별꽃으로 피어날 봄을 기다려 본다. 아이들은 별이다.

© 배연형

늘을 날고 싶은 소망일지도 모르니 말이다.

'동화 속에서 놀고 있다는 것은 괴로운 현실을 도피하려는 것이 아닌가!'

여학교 2학년 소녀가 그런 동화의 세계에 빠져 있으니 소설의 기본인 인물의 성격도, 현실적인 배경도, 극적인 구성도 약한 자유분방

한 소설을 써내는 것 아니겠는가. 그것은 어른들도 마찬가지다. 신화의 정체를 파악하지 못한 현대인들이 지금도 종교의 세계에서 그런 비현실적인 신화를 사실로 철석같이 믿고 있듯이…….

하지만 그래도 별자리의 신화 속으로 여행을 떠나는 겨울 방학 숙제를 내는 것은 얼마나 낭만적이고 멋진 공부인가. 긴 겨울밤 소녀들의 꿈이 신비롭고 정말 아름다울 테니까. 특히 자애처럼 아직 동화 속의 미키마우스와 놀며 속으로 수많은 환상의 인물들과 키득거리거나, 아라비안나이트의 신기한 마술 램프 속에서 나오는 거인 노예를 그리워하거나, 아니면 수업 시간에 《반지의 제왕》 같은 책을 읽으며 환상 세계 속으로 반쯤 들락거리면서 놀고 있는 새린이 같은 소녀들에겐 말이다.

아이들은 별이다. 꽃이다. 아직 제 빛을 발하지 못하고 있을 뿐이다. 아니 별은 빛나고 있는데 하늘이 흐릴 뿐이다. 자애처럼 날아오르려는 꿈, 별이 되려는 꿈이 있는 한 언젠간 봄꽃처럼 환하게 빛날 것이다.

둘째마당

그리움이 묻어나는 여인들의 편지

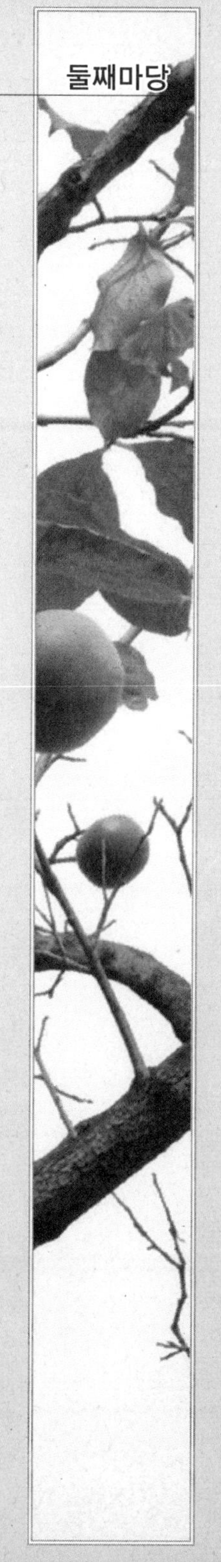

재은이의 정감 어린 목소리

몇 년 전 목련이 하얗게 벙그러지는 어느 봄날에 전화가 왔다.

"선생님, 안녕하세요? 저 재은이예요, 8회 졸업생이요."

"재은이…… 이재은?"

"저를 기억하세요?"

"그러엄, 기억하고말고. …… 그런데 지금 너 몇 살이니?"

"…… 서른일곱 살이요."

"벌써……?"

그래 벌써 그렇게 되었다. 내가 50대 중반을 넘어섰으니 재은이도 그런 나이가 되었다. 그래서 내가 아직도 학교에 있는지 궁금하여 전화를 했다는 것이다.

"못 떠났다. 어디로 가겠니?"

전화를 끊고 생각하니 재은이가 어떻게 변했을지 몹시 궁금했다. 많이 달라졌겠지. 여학교 제자란 길에서 마주쳐도 외면하면 알 수가 없고, 인사를 해도 화장한 얼굴이라 잘 더듬어 보아야만 겨우 어렴풋이 짐작할 수가 있는 법이다. 그러나 재은이는 이름만 들었는데, 금방 모습이 떠올랐다.

'그래, 기억하고말고. 폭포 밑에 혼자 우두커니 앉아서 인생이란 열병을 치르던 문학소녀 이재은 아니니?'

그런 말은 못했지만, 나는 그 시절의 재은이를 잘 기억하고 있다. 몸이 후덕한 게 후박나무나 백목련처럼 복스럽고 넉넉한 성품을 지닌 아이였다. 사춘기 소녀라서 저만 혼자 가장 불행한 듯한 표정의 소녀, 아니 무슨 파충류 같은 괴물의 가면을 뒤집어 쓴 것처럼 말이다.

한데, 전화로 들려오는 재은이의 목소리가 산에서 꼬리를 떨면서 되돌아오는 메아리처럼 무척 인상적이었다. 정감이 물씬 묻어 나왔던 것이다. 맑으면서도 풍성한, 거기에 옥빛 꼭두서니 물이라도 들이듯 정겨움이 가득한 목소리였다. 전화를 끊고서도 한참 동안 잊히지 않았다. 외갓집 이모처럼, 어릴 적 가슴이 설레고 아린 추억처럼.

나이 마흔이 가까워지면서 그리움을 못 견디겠는지, 재은이는 전화에 이어 스승의 날 무렵이 가까워지자 편지를 보내왔다.

선생님!

그간 안녕하셨습니까? 책갈피에서 빛이 바래 가는 고운 낙엽을 가슴 아프게 꺼내 보았습니다. 인생도 그럴 테지요. 그 시절 정다운 추억을 가슴에 담아 두고두고 꺼내 보지만, 아마도 현실은 그만큼 고운 것은 늘 아닌 것처럼…….

제 나이 서른 일곱, 제법 많이 산 느낌입니다. 지난 몇 해는 제게 무척 지루하고 힘겨운 시간이었지만, 오늘부터는 조금 비우고, 버리고, 편안해질 거예요. 늘 열여섯 살에 머물러 있는지 성숙되지 못한 감성에 스스로를 자책하며 20년을 살았는데, 서른일곱 살이 된 지금은 우습지만 조금 컸는지…….

선생님 생각을 하면 괜스레 가슴이 설레는 것이…… 아직 그때로 돌아가고 싶은 맘은 여전한가 봅니다. 요즘은 아이들이 어떤가요? 저처럼 갖은 고민 다 품은 얼굴로 사춘기임을 얼굴에 쓰고, 그런가요? 조금은 무모한 용기로 잘난 척하면서요. 못난 저지만 후배들의 발랄함과 그 이유 없는 반항심과 고민을 왠지 보듬고 싶습니다. 그때의 나름의 생각들이 얼마나 소중하며 그 시절이 얼마나 값진 것인지 알려주고 싶어요.

뵙고 싶지만, 늘 궁금하고 설레는 만큼 찾아뵙지도 못하고 맘뿐임을 죄송하게 생각해요. 건강하시고, 행복하세요.

2000년 4월 21일 재은

편지를 보니 지금도 감정이 풍부하여 자기를 어떻게 감당하지 못하던 소녀 시절의 감상적인 모습 그대로였다.

나는 재은이에게 '살아 있는 사람이란 사소한 일에도 잘 웃고, 조그만 일에도 잘 우는 사람이 아니겠니?' 라는 말을 들려주고 싶었다. 예전엔 다들 그랬다. 음악 선생의 지휘로 졸업가 연습 소리가 들려오면 선생들도 벌써 마음이 싱숭생숭해지면서 설레기 시작했다. 그러다가 졸업 식장에서 답사를 하던 학생 대표의 목이 멘 목소리, 끊긴 침묵, 숨이 막히는 초조, 그에 맞추어 이곳저곳 훌쩍이는 소리가 들리면 선생들도 코가 시큰해졌었다.

이런저런 추억에 끌려 도서관에 가서 20여 년 전 묵은 교지를 뒤적거리다가 중학교 때부터 시를 쓰던 재은이가 여고 2학년 때 백일장에 〈나무〉란 시로 장원을 하고, 그 해 〈겨울〉이란 시로 휘경문학상을 받은 것을 발견했다.

'왜 재은이를 사춘기 때 총각 선생을 좋아하여 가슴을 앓던 아이로만 기억하고 있을까? 참 야릇하고 이상한 일이다.'

봄을 기다리는 재은이의 시 〈겨울〉은 재은이의 풍부한 목소리처럼, 그 애 풍성한 감정처럼 퍽 아름다운 서정시였다.

겨울

……이 계절엔 부드러운 선율보다도 / 오히려 / 아무것도 들리지 않는 정적이었음 좋겠다. / 이 계절엔 커피보다도 / 오히려 / 손잡이 없는 잔에 담긴 인삼차이길 바란다.

이 계절엔 샤넬 넘버 파이브보다 / 오히려 / 절간에 향냄새가 어울리겠다.

지난 철에 못다 이룬 고백보다 / 아쉬운 것은 / 어서 / 솔가지 위에 눈이 쌓이지 않음이요, / 지난 철에 못다 쓴 편지보다 / 애석한 것은 / 어서 / 추운 날에 외투 없이 걷는 맛을 / 보지 못함이다. …….

재은이의 목소리를 들은 후 나는 한동안 무슨 처녀 귀신에게 홀린 듯 재은이의 목소리에 끌려 다녔는데, 시를 읽고 나서야 그 정체를 깨달았다. 재은이는 감각이 예민한 아이였던 것이다. 커피, 인삼차, 샤넬 넘버 파이브, 절간의 향냄새 같은 시어의 동물적인 후각으로부터 나는 재은이의 정감 있는 목소리를 연상했던 것이다.

'알 수 없는 것이 여자라더니…….'

집에 돌아와 서가에서 편지 뭉치를 뒤적거리니 뜻밖에도 재은이가 고등학교 3학년일 때 보낸 편지가 남아 있었다. 편지에는 나를 이해하지 못하겠다고 쓰여 있었다. 이상하다고. 내가 보고 싶어서 찾아가면 늘 구박만 받았다니……. 내 기억엔 전연 생소한데.

선생님,

안녕하세요. 제가 선생님께 드리는 첫 편지인 듯합니다. 어떻게 지내세요? 날씨도 진짜 여름답게 덥네요.

이상도 하죠. 선생님이 퍽 보고 싶어서, 할 말도 무지무지 많은 것 같아서 찾아가면, 늘 구박만 받고 할 말도 모두 잊고 돌아와야 했는데, 그래도 또 선생님이 이렇게 보고 싶어요.

겨울처럼 6월은 사람이 그리운 달도 아닌데, 선생님이 보고 싶었고요. 바로 한 울타리에 계신데도 아주 먼 곳이어서 찾아가기 힘든 것처럼 느껴지더군요. 아, 아…… 선생님의 억양이 너무 건조해서일 거예요. 선생님은 무서운 사람 같아요. 점점 더 빽빽하게 인간미를 숨겨 가는 그런 분 같아요. 그래서 더욱 제가 접근하기 힘들고요. 선생님과 많이 얘기하고 싶었는데도요.

요즘은 정말 제가 밉습니다. 그저 매일 변화 없는 생활입니다. 광대놀음이죠. 오히려 카프카의 굶는 광대라도 되어 버리고 싶을 정도예요. 제가 자리 잡아야 할 자리, 마지막에 서야 할 자리가 어디인지도 잘 모르겠어요. 가슴 속에 놓여진 '불만의 항아리'를 열면…… 열리면 무섭겠지만, 가끔은 열리려는 꿈틀거림을 감지하곤 하죠. 아마 고 3이라는 것 때문만은 아닐 거예요.

인내심이 부족한 제게는 무엇이든 고통이고 아픔인 듯합니다. 그렇다고 눈이 자라고, 키가 자라고, 머리가 자라고 마음이 자라는 것도 아니고요. 그렇고 그래요.

가끔 운동장에서 멀리서나마 선생님을 볼 수 있어요. 50미터도 되지 않는 거리지만 전 괜스레 멀리 계시는 분마냥 지나쳐요. 하지만, 가끔 그렇게 뵐 때마다, 여전히 여위신 몸매로, 여전히 하늘을 바라보시고, 여전히 묵직한 발걸음이신 것이 제게는 참 친숙하게 느껴지지요. 선생님과 많은 대화를 하지는 못했지만 선생님에게는 왠지 잘 모르겠지만 고통과 고독의 냄새가 풍겨요. 그래서 선생님이 여전히 좋고요.

저도 글을 써야겠는데, 이젠 왠지 잘 써지지 않아요. 아마 노력이 부족한 까닭이겠죠. 순 넋두리뿐이에요. 못난 제자 두셔서 힘드시죠. 선생님, 건강하시고 늘 선생님다운 면모를 잃지 마세요.

안녕히 계세요.

1982년 6월 19일 8회 졸업생 이재은 올림.

'고통과 고독의 냄새라……, 그래서 내가 좋다고?'

그래, 그때 나도 용암이 들끓는 불만의 항아리를 열면 재은이 너처럼 불길이 치솟는 활화산이었지. 나는 말이다. 그 무렵 어느 '탈옥수의 일기'란 부제가 붙은 〈돼지와 미친년〉이란 장시를 쓰고 있었단다. 나의 고향에 수류탄을 터트리고 미친년과 함께 발동선을 타고 어느 무인도로 탈출하여 돌멩이를 움켜쥐고 모래 구덩이 속에서 죽어 간다는 이야기였다. 그 더러운 돼지의 혼에 끌려서 말이다.

선인장 잎사귀는 가시가 되었고 방울뱀은 다리가 없다. 타조가 하늘을 거부하고 고래가 바다로 간 이유는 무엇인가? 나는 무엇이 되려 했던가. 소나기인가 선인장인가 방울뱀인가, 아니면 눈 밝은 소리개였던가. 햇빛인가 신神인가 소금인가.

나는 내 간肝을 적시는 소금일 뿐입니다. 심장을 찌르는 가시, 베어 내는 칼날일 뿐으로 돌멩이를 쥐고 바다를 회상한 밤, 푸른 돼지가 하늘을 날아다니다 서성거리다 거리의 여자들처럼 내 구덩이를 맴돌고 있었습니다.

그렇게 어디론가 사라지고 싶었던 나는 여태껏 학교에 남아 있는데, 재은이는 그렇게 어느 날 갑자기 전화를 하고 편지를 보내더니 스승의 날 무렵에 연락도 없이 나타났다. 서른일곱 살 중년 여인인데도 여전히 소녀처럼 수줍어하며.

반가웠다. 그 애는 몸이 좀 불었을 뿐, 변한 게 없었다.

풀과 꽃, 그리고 시를 좋아하는 여인들, 그들 마음에 눈물 같은 물기가 배어 있고, 그것이 사랑 비슷한 비린내일지도 모른다는 생각이 들었다. 한스럽기도 한 냄새 말이다. 한 번만 스쳐 지나도 오래도록 잊지 못하는 어떤 체취 같은.

"선생님은 하나도 변하지 않았어요. 예전 모습 그대로예요!"

"변하지 않다니…… 이 흰 머리칼을 좀 보아라."

나는 이마 바로 뒤쪽에 수북하게 감춰진 흰 머리칼을 보여 주었다. 재은이는 좀 씁쓰름한 표정을 지으면서 그간 살아온 이야기를 털어놓았다. 그 애는 학원 원장을 하며 수학을 가르치고, 남편은 태권도 도장을 한다고 말했다.

하지만 이런저런 이야기를 잠깐 나눴을 뿐이다. 예전처럼 무슨 말을 잔뜩 늘어놓으려고 찾아왔는데 할 말도 다 못한 채 서운하고 허전하게 돌아갔다. 환하게 피었다 싶으면 어느 새 뚝뚝 떨어지는 목련 꽃처럼 아쉽게. 다정한 목소리만 남겨 놓고 말이다.

교정 이곳저곳을 걷고, 목련꽃 추레하게 떨어진 자리에 앉기도 하다가 교문을 나서며 재은이는 바쁘다는 이유를 댔다. 하지만 그것만은 아니다. 나는 모교를 방문한 허탈감 때문인 것을 잘 알고 있다. 전에 나도 옛집이나 옛 친구, 또는 그런 그리운 것들을 만나면 번번이 그랬으니까.

그런데 나는 재은이의 목소리를 닮은 아주머니를 찾아내고 드디어 그 감정의 정체를 알아냈다. 바로 우리 동네에서 텃밭과 야생화를 가꾸는 아주머니였다.

'목소리가 맑으면서도 성량이 풍부하고 정감이 있는 것은 성품 탓일까, 아니면 후덕한 몸매 때문일까?'

그분은 남편과 함께 텃밭을 아주 예술적으로 가꾸는 늙수그레한 아주머니였다. 그녀 집 안엔 야생화가 푸짐했다. 봄이면 복수초, 피나물, 앵초, 금낭화, 둥굴레가 피고, 5월이면 붓꽃, 꽃창포, 그리고 이어서 접시꽃, 함박꽃, 라일락, 불두화, 장미 같은 꽃들이 흐드러져서 나는 지나치는 길에 틈틈이 기웃거리기도 했다. 그들은 심지어 오이랑 토마토를 가꾸는 텃밭 비탈에 두릅도 심고, 취나물, 할미꽃과 섬초롱꽃까지 기르고 있어서 섬초롱꽃 몇 포기를 얻어다 학교에 심고 번식시킨 일이 있었다.

나는 그 아주머니와 재은이 모두 정감 있는 음성에 그리움이 묻어 있는 것을 느꼈다. 풀과 꽃, 그리고 시를 좋아하는 여인들, 그들 마음에 눈물 같은 물기가 배어 있고, 그것이 사랑 비슷한 비린내일지도 모른다는 생각이 들었다. 한스럽기도 한 냄새 말이다. 한 번만 스쳐 지나도 오래도록 잊지 못하는 어떤 체취 같은.

선생님은 푸른 바람 냄새가 나요

무슨 인연인지 이 사립학교도 전근 와서 신입생인 민숙이와 지혜, 진솔이 엄마를 담임하던 1978년 첫해였다. 3학년 국어도 함께 가르치면서 문예반을 맡았는데, 지금도 기억에 또렷이 남아 있는 문학소녀들이 있다. 바로 재은이, 은비, 미지, 정민이, 그리고 인애였다. 특히 인애는 나의 뇌수 어디엔가 숨어 있다가 싸늘한 겨울바람이 불어 닥쳐 춥고, 쓸쓸해져서 어디론가 떠나고 싶어지면 불쑥 나타나는 얼굴이었다.

인애는 조숙했는지 시대를 민감하게 감지하는 눈이 있었다. 예민한 감수성을 지닌 그 애는 봄이 온 낌새를 일찍 알아채고 눈 속에서 피는 노란 복수초나 괴이하게 생긴 앉은부채꽃, 혹은 꽃을 감추고 피어나는 족도리풀 같은 들꽃을 닮지 않았을까.

'내가 국어도 가르치지 않았고, 단지 문예반이었던 것 같은데, 왜 그럴까?'

그래서 어느 바람 부는 날 1978년도 교지를 찾아 훑어봤다. 인애의 글이 보였다. 〈나는 겨울 곰〉이었다. 현대적인 감각과 독특한 비유로 퍽 조숙하고 특이한 시였다.

> 오직 신의 저주뿐이지. // 가끔 바람의 채찍을 맞는 바위의 신음 소리와 / 박쥐의 푸드덕거림이 들려오는 // 내겐 어둠이 있지. / 그리고 다시 봄을 기다리는, / 빛없는 작은 방이 나의 전부지만 // 시린 눈빛을 들고 멀리 산을 바라보아도 / 머리카락이 목을 죄어 오는 이 순간은 / 정말, 정말 참을 수 없네. // 개구리의 거친 숨소릴 들으면서도, / 꽃을 먹으며 살고 싶지 않은가? // 겨울 생명들은 눈이 푸르지 / 하늘이고 가슴이고 물무늬에 숨겨 있고. // 나란 놈이란 겨울 속에 갇혀 있는 겨울 곰일 뿐이야.

그렇게도 숨이 가빴던가. 매서운 시대, 을씨년스러운 학교, 지겹게도 가난한 집, 모두가 온통 살벌하고 삭막한 겨울이어서 인애는 봄을 기다렸던가 보다. 아직 어린 사춘기 소녀치곤 너무 비관적이고 자책이 심했지만, 그 애가 졸업하던 해는 박정희 대통령이 죽기 1년 전이었으니, 암울한 시대를 시로 대변하고 있었던 것이다.

나도 그 시절, 어둠 속에서 헉헉거렸고 미래가 불투명하긴 마찬가지였다. 그래서인지 나는 서쪽 게시판에 시사적인 이야기보다는 주로 계절감이 있는 글을 백묵으로 썼다. 즉, 추운 겨울 이야기—온실에 핀 군자란, 나무가 감춘 꽃눈, 기다리는 함박눈, 철새와 겨울 여행, 이윽고 다가올 봄 등 따뜻하고 훈훈한—를 일주일에 한 번씩 손수 써서 가난하고 고달픈, 그러나 감성이 좋은 소녀들과 대화를 했다. 정감이 있는 글이라 여선생들도 좋아했고, 아이들은 더러 공책에 베끼기도 했다. 주로 시 감상 쪽으로 이야기를 풀어 간 문예반 시간 말고도, 인애는 내가 서정적으로 쓴 칠판의 글을 읽었을 것이다. 그 애 시 속에 그런 흔적들이 보이기 때문이다.

인애가 1981년 가을 그러니까, 상업학교 3학년 때 보낸 편지가 남아 있다. 그 편지를 받은 뒤부터 나는 인애가 갑자기 좋아졌다. 그래서인지 그 애 편지를 지금도 무슨 보물처럼 간직하고 있는데, 그것은 바람 때문이었다. 그래서 수업 시간에 바람이라도 불면, 그 애 생각이 나고, 바람이 아주 세차게 불어서 바람에 창문이 덜컹거리면,

"바람을 좋아하는 사람 손들어 봐?"

"나와 친구구나!"

하면 손을 든 아이들은 나와 비슷한 게 좋은지 슬그머니 웃는 것이었다.

인애는 바람을 좋아했다. 아니, 그 애 후각은 바람에서 푸른 냄새까지 맡을 줄 알았지만, 나도 스산한 가을바람을 좋아했다. 아니 집착하고 있었다. 바람이 좋다 싶었는데, 어느 날 갑자기 찬바람이 불고 가을비가 오면 우수수 낙엽이 지고 겨울이 오는…… 그런 바람을.

하지만 인애는 내게서 푸른 바람 냄새를 맡았다. 그리고 금방 떠날 사람이라는 것까지 눈치 챘다. 바로 내가 떠돌이라는 것을 직관적으로 파악했다. 그 무렵 인애는 다음과 같은 제목을 단 편지를 보냈다.

© 박은영

나에게서 푸른 바람 냄새가 났다는 말을 오래도록 잊지 못했다. 곧 떠날 사람 같다는 그 표현도, 낯설다는 것도, 좋은 소식이 언제 올지 막막하던 시대, 그처럼 담배나 태우면서 그 연기 따라 사라지고 싶었던 시절이었다.

늘 어려운 사랑이란 아이

선생님! 한참 오래 전, 비가 오던 학교의 일요일, 어느 돈 많은 키다리 아저씨의 별장 같던 학교……. 그때의 생활을 난 왜 오래 잡아 둘 힘을 지니지 못했는지 모르겠어요. 아마 내 손에는 항상 비누 거품이 묻어 있기 때문일 거예요. 완전한 내 것이 되는가 싶으면 어느새 스르르 미끄러져서 달아나 버리거든요, 뭐든지…….

새벽같이 서둘러서 교실 창문을 제일 먼저 열었을 때의 향긋한 바람도, 읽던 책의 마지막 장을 덮으며 영원할 줄 알았던 보랏빛 감동도, 날이 지날수록 나는 내 손바닥에 더 열심히 비누칠을 하게 돼요. 본의는 아니지만…….

언제가 선생님에게서 푸른 바람 냄새가 났었어요. 어디선가 이제 막 도착한 사람의 어깨며 등에서 풍기는 바람 냄새가……. 패랭이꽃이 숨어서 포오란 꿈이나 꾸는, 그런 길바닥에 앉았다 오는 사람처럼, 잠시 머물다가는 또 그런 곳으로 떠나 버릴 것처럼……. 선생님이 그렇게 낯설었어요.

멀리 있는 것처럼, 떠나 버릴 것처럼, 나완 너무나 무관할 것처럼, 그렇게 보이니깐 항상 어려웠어요. 항상 머뭇거리게 되었어요.

안 그랬음…….

아무렇게나 투정부리고 떼쓸 수 있는, 잘 통하는 아빠처럼, 그렇게 가까웠으면 하는 게, 비누 거품 잔뜩 묻은 손으로 가져 보는 지금의 바람이에요.

1981년 10월 21일 김인애 올림.

인애가 나에게서 푸른 바람 냄새가 났다고 한 말을 오래도록 잊지 못했다. 곧 떠날 사람 같다는 그 표현도, 낯설다는 것도. 그 무렵 나는 〈가을〉이란 시를 고치고 있었다.

> 가슴운동을 하다가 / 문득 본 하늘이 파아란 가을 / 오늘은 죽기 좋은 날이다 // 왼쪽 어깨엔 / 까치 한 마리 앉을 리 없고 / 아침은 사과 한 알밖에 먹지 않았다 // 가엾은 가슴 / 왼쪽 호주머니엔 가을 담배 한 갑 은하수 // 넥타이를 풀어 버리고 잔 여인숙에 / 주소를 거짓말로 쓴 것은 / 오늘밤 내가 죽을는지도 모르기 때문이다

좋은 소식이 언제 올지 막막하던 시대, 담배나 태우면서 그 연기 따라 사라지고 싶었던 그 시절에 인애를 생각하면 지금껏 가슴을 할퀴는 친구가 떠오른다. 사람들에게 인쇄물 한 장을 전하다가 안기부에 끌려갔다 나온 뒤부터 시를 아예 버리고 지금도 고향 근처 사립학교에서 국어 선생만 하는 석월이란 친구가 가슴을 무던히도 막막하게 만들었던 것이다.

"대한민국에도 해가 떠오르다니!"

대학 4학년 2학기 졸업을 앞두고 새벽까지 술을 마시다가 그가 울면서 내뱉은 그 말도 지금껏 기억에 시퍼렇게 살아 있다. 그 친구처럼 인애는 어쩌면 그 시대에 사치스러운 시를 버렸는지 상업학교를 졸업한 뒤에 은행을 다니다 외환위기 직후에 은행을 그만 두었다면서 연락을 해 왔다. 그리고 학교로 찾아와 내게 삼겹살과 소주를 대접하고 그 뒤로 한두 번 전화를 하더니 요즘은 소식 없이 감감하다.

'어떻게 살고 있을까?'

강남에서 과학 선생을 하는 민숙이, 지수와 민솔이 엄마처럼 40대 중년 여인이 되어 사춘기 때 자기들과 비슷한, 아니 똑 빼다 박은 딸을 기르고 있을 것이다. 딸은 제 엄마처럼 모든 것은 '신의 저주뿐이지.' 하거나, 엄마와 반대로 모든 것은 '아름다움뿐이야.' 할지도 모른다. 꿈 많은 소녀 시절에 안개 속에 어렴풋이 보이는 세상은 무지개처럼 찬란한 법이니까. 하지만 웃음과 눈물, 그리고 그리움이 넘치는 소녀는 꿈을 꿀 수 있어서 아름답지 않은가.

인애를 생각하면 우리 학교의 곰취가 뇌리에서 떠나지를 않는다. 동네 할머니한테 두어 뿌리 얻어다가 연못 위 벚나무 아래 그늘에 심었는데, 그 잎이 어른 두 손바닥보다 커지는 것이었다. 곰처럼 말이다. 뙤약볕 아래서 자라는 동네의 곰취는 잎이 자그마한데. 그 곰취를 보면서 나는 문득 인애를 떠올렸다.

'그렇구나! 시대와 환경만 넉넉했으면 인애도 시인이 되었을지 모르는데…….'

철학 박사
미지의 변신

벌써 몇 년이 흘렀다. 남양주 평내 우리 집에 은비와 함께 다녀간 지가 몇 년은 된 것 같은데 미지한테서 오랜 만에 전화가 왔다.

"너 결혼하는 거 아니냐?"

나는 번뜩 스쳐 가는 예감 같은 것이 있어서 넘겨짚었더니 그렇단다. 수다를 잘 떨지 않는 아이라서 이유 없이 전화하지 않았으리라 생각했던 것이다.

"예…… 흐— 후."

미지는 애매하게 웃었다. 그러면서 주례를 부탁했다. 그러마고 대답을 했지만 전화를 끊은 뒤에 퍼뜩 어떤 생각이 스쳐 지나갔다. 그것은 미지가 운동권 가까이 있었다는 것, 그리고 학교를 휴학하고 위장 취업까지 했다는데, 그런 친구들은 한 번 틀어지면 금방 이혼한다는 생각에 섬뜩하기까지 했다. 나는 한동안 고민을 했다.

며칠 뒤 미지와 만나기로 한 음식점으로 나갔다. 남편 될 사람이 장충동에서 무슨 극장 일을 본다면서 그 근방에 약속 장소를 정한 것이었다.

만나 보니 헌칠한 청년이었다. 같은 대학교에서 동아리 활동을 한 선배였다는데, 부모님은 캐나다로 이민을 가서 단둘이서 생활을 꾸려갈 모양이었다. 그러니 더욱 다짐을 받아 두어야 할 것이 있었다.

“내가 후배 국어 선생들 주례는 두어 번 서 보았는데, 그것 참 신경 쓰이더라고. 이혼하지 않는다고 약속한다면 주례를 서지.”

나는 신랑보다는 미지의 눈치를 살폈다. 한데 미지는 대답을 하지 않았다. 보다 못한 신랑이 한 발 앞서 말했다.

“이혼은 안 할 거예요.”

그래도 미지는 학창 시절처럼 달다 쓰다 말이 없이 웃음으로 넘어가려 했다. 나는 그런 긍정도 부정도 아닌 침묵이 바로 내 말을 수용하는 것이라고 믿기로 했다. 그리고 기분 좋게 술을 마시고 취했다. 여학교 제자 주례는 처음이라서 몹시 흥분했던 셈이다.

미지는 그렇게 결혼식을 마치고 신혼여행을 떠났다. 그날 내 뒤치다꺼리를 하려는 은비를 굳이 뿌리쳐 보내고 잠실에서 좌석버스를 타고 집에 돌아오면서 나는 옛 기억을 더듬었다.

어느 을씨년스러운 겨울로 기억된다. 갑자기 미지가 평내 산골짜기 우리 집으로 은비와 함께 찾아왔다. 미지는 고등학교 3년 동안 거의 매달 편지를 보내오더니 대학에 들어간 뒤로 소식을 뚝 끊었다. 외대 불문과에 들어갔다는 것만 마지막 편지로 알고 있었는데…….

그날 텅 빈 집이라 라면을 끓여 먹인 뒤 내가 즐겨 가는 뒷산 약수터에 올라가면서 이런저런 이야기를 나누었다. 따져 보니 1987년에 대학 2학년을 다니다가 휴학하고 위장 취업을 했는데, 복학을 망설이는 모양이었다.

"미지야, 아깝지 않니? 공부한 게 말이야. 졸업하고, 네가 가진 글재주랑 사용하며 같은 활동을 할 수도 있지 않을까. 고리키의 소설 〈어머니〉를 보아라. 글이 더 무서운 거야."

그날은 별 대답 없이 돌아갔는데 은비와 내 설득이 통했는지 미지는 복학하고 졸업을 한 모양이었다.

미지는 신혼여행을 다녀온 뒤 다시 찾아왔다. 도톰하게 살이 찌고 약간 얼굴을 붉히면서 부끄러워하는 미지에게서 나는 새각시의 어여쁨과 그 애 신혼의 기쁨을 엿봤다. 화창한 봄날의 발그레한 복사꽃 같다고 할까? 아마 처음으로, 중학교 1학년 때부터 보아 온 뒤부터 처음으로 미지가 예쁘고, 목소리가 곱고 탄력이 있다는 느낌을 물씬 받았을 것이다. 열정이 강한 문학소녀로만 여겨 왔는데, 어느 새 성숙하여 정이 넘치는 여인으로 내 앞에 앉아 있었던 것이다.

미지는 만년필을 선물로 내밀면서, 신혼여행으로 남미 잉카 유적지에 다녀왔다고 했다. 새삼스러웠다.

'마야와 잉카 문명에 관심이 있다니…….'

당시 나는, 야만성과 신무기로 무장한 수백 명의 스페인 군대에게 멸망당한 마야의 운명이 광주와 흡사한 느낌을 받았었다. 그리고 어디론가 사라진 마야인들의 수수께끼 같은 문명에 심취했었다. 더구나 사막의 모래밭에 마야인이 그린 거대한 새, 기괴한 거미, 그 공허한 손의 정체를 탐구하던 어떤 여류 인류학자의 정체를 몹시 불가사의하게 여기고 있는데, 미지도 그것에 공감했던 모양이다. 왜냐하면 내가 휘경에 온 2년 뒤인 1980년에 입학하여 3년 내내 문예반에서 활동했으니, 내 영향을 아주 많이 받지 않았겠는가.

나는 그런 미지의 신입생 때 얼굴을 어렴풋이나마 지금까지 기억한다.

'여중 1학년 소녀 표정이 여고 한 2학년쯤 된 얼굴이라니…….'

미지는 입이 '뚜' 하고 나왔다고 할 수밖에 없는 소녀였다. 그렇다고 삐치면 입이 댓 자는 나온다는 말은 아니고, 뭐랄까 그냥 잘 웃지도 않고, 아니 웃음을 참고 싶은지 늘 심각한 표정을 짓고 있었다. 나도 우연히 만난 중학교 국어 선생에게 20대 초에 마흔 살쯤 된 얼굴이라는 말을 들었는데, 미지도 그런 내 표정과 닮지 않았을까.

'무슨 고민을 하는 것일까?'

수다가 생활인 사춘기 친구들과 전연 다르게 입도 무거운 그 애는 하여튼 내 앞에서는 무척 조심하면서 감정을 절제하는 듯싶었다. 그래서인지 나는, 미지의 별명을 철학 박사라고 지어 불렀다.

"애 좀 봐요? 여자아이 얼굴이 꼭 철학 박사 닮지 않았어요?"

그렇게 미지를 골려도 다른 소녀들처럼 샐쭉거리거나 눈을 흘기지 않고, 고개를 숙이면서 얼굴만 붉혔다. 그리고 묘하게 입을 '뚜' 하고 내밀면서 괴상한 표정을 짓는 것이었다.

그 애를 철학 박사라고 부른 또 다른 이유는 한창 발랄한 사춘기 1

학년 소녀가 '죽음'의 냄새가 풍기는 시를 쓰고 있었기 때문이었다. 제목이 〈비〉였는데, 고민하는 소녀의 조숙한 영혼을 읽을 수 있었다.

> 망령 난 노인네의 손마디 같은 / 가지들이 늘어선 / 죽음의 아스팔트 위에 / 묘한 어둠이 담긴 / 구름이 깔렸다.

가지 잘린 플라타너스 가로수를 노인의 손으로 보고, 아스팔트에서 죽음을 느낄 뿐만 아니라, 전신주도 울고, 헤드라이트 불빛에 아파한 미지는 몹시 고통스러워하면서 어린 것이 전율까지 했던 모양이었다. 나는 미지에게서 작게나마 반항의 싹을 엿보았었다.

1980년대다. 미지는 당시 암울하고 끈적거리고 참혹한 시대 분위기를 직감적으로 알아차렸을지도 모른다. 그래서 그런 냉혹함을 차갑게 표현한 것이 아닐까? 말 못 할 집안 고민이 있었겠지만, 미지가 아무리 어리다고 할지라도 바람결에 흘러 다니는 뜬소문이라도 들었음 직하지 않았겠는가. 민감한 소녀들이니까…….

그 당시 문예반에서 미지가 중심이 되어 펴낸 〈시인의 밤〉이란 시문집을 뒤적거려 보니 다음해 늦가을에 망우리 공동묘지로 만해 한용운 선생을 탐방했던 모양이었다. 그 무렵 아이들에게 친근한 방정환, 시인 박인환과 김상용, 그리고 소설가 김말봉 등의 무덤도 둘러 볼 겸해서 망우산 그 꼭대기에 묻힌 만해의 무덤에 자주 찾아갔었다.

> 독립 운동가이며, 선승이며, 시인인 당신은 시보다 위대한 것을 알았으며 그리하여 그것에 봉사했고 그것을 위하여 자신의 온몸을 희

망령 난 노인네의 손마디 같은 가지들이 늘어선 죽음의 아스팔트 위에서
우리는 한 시대를 건넜다. 그리고 빈 몸뚱이만 남아서 휘적휘적 일어섰다.
하지만 아직도 그 상처가 폐부를, 기억을 찌른다.

생으로 바치셨습니다.

중학교 2학년 미지는 철학 박사답게 참으로 어려운 추도문을 써서 읽었다. 하지만 그 애는 가을 백일장에서 장원을 하여 이름을 날리고 있었다. 조숙한 소녀였던 것이다.

그처럼 다음해엔 경기도 벽제의 노천명 시비를 탐방하고 그 다음 해엔 강원도 청평 부근의 소설가 김유정 문인비를 답사하면서 삼 년 내내 문예반을 떠나지 않고 내 주위를 맴돌던 미지가 졸업반이 되었을 때, 나는 그 애에게 서정주 연구 논문을 써 보라고 강요했다.

"중학생에게 그 어려운 서정주 연구를 시켰어요!"

나중에 결혼한 뒤 은비와 함께 만난 인사동 술집에서, 좋아서인지 불만스러워서인지 애매하게 웃으면서 미지가 푸념한 말이었다. 그 시절 나는 미지에게 서정주의 시적인 변모를 통해 시의 스타일을 공부시켰던 것이다. 그걸 알아차렸는지 그 애는 내가 준 책들을 뒤적거리면서 조몰락거리고 꼼지락거리더니 그럴 듯하게 연구 논문을 써내고 가까운 여고로 떠나갔다. 그러면서 맹렬하게 편지를 보내오기 시작했다.

'편지도 방학을 하는가?' 싶을 정도로 방학 때만 빼고, 매달 두툼한 편지를 보냈다. 물론 나는 극히 필요할 때 외엔 거의 답장을 하지 않았다. 그만큼 그 애는 혼자 뭐라고 중얼중얼 하면서 자기 독백을 늘어놓았을 뿐이라고 해야 맞을 것이다.

"그만 오너라. 그 학교의 좋은 점을 찾아 적응해야 하는 거야. 이곳에서는 정을 떼고 말이다."

졸업한 아이들에게 늘 하는 말인데, 그 말에는 아랑곳하지 않고 미지는 학교를 찾아오기도 했지만, 죽어라고 편지를 보내왔다.

그 애 첫 편지는 졸업한 그해 1983년 2월 14일에 왔다. 졸업을 2, 3일 앞둔 때이다. 1학년의 무지, 2학년의 배타와 독선, 그리고 3학년 때 문학에 대한 애정이 터지기 시작했는데, 내 빨간 볼펜으로 끊임없이 모욕당했다는 것이다. 그러면서 철학 박사답게 다음 같은 단어들을 늘어놓았다.

'모순, 허무, 대오각성, 비리, 갈등 …….'

한 마디로 자의식이 강하여 복잡하고, 관념이 강한 소녀였다.

미지는 중학교 3학년 때 문학상에 당선했고, 고등학교에서도 2학년 때까지 줄곧 교내 백일장에서 큰 상을 받았다. 그런데 이 상이라는 것이 미지를 엄청 괴롭힌 것 같았다. 더구나 입시와 창작이란 틈바구니에서 무척 고민을 하면서 죽고 싶다는 표현도 서슴지 않았다.

'죽고 싶다고 생각했습니다. 정말 어설프구나, 정말 어색하구나, 정말 건방지구나, 정말 삼류로구나, 그런 비웃음이 들렸습니다. 여전히 말장난이었습니다.'

그러면서 미지는 일류 대학과 좋은 직장, 그리고 자유과 낭만 사이에서 고민하고 있었다. 기특한 것은 그저 날마다 불만만 끼적거리면서도 한편으로 자기 시의 방향을 찾아가고 있던 점이었다. 그해 가을 철학 박사 미지한테서 서정적이고 그리움이 가득 찬, 그러면서 고민을 담은 편지가 왔다.

선생님께.

지난 번 찾아뵈었을 때 조금 어색하셨을 겁니다. 사실 우습게도 전 조금만 의식적으로 행동하려고 하면 오히려 결과가 이상하게 나오곤 합니다.

언젠가 아직도 중학생 같다는 선생님의 말씀에 그날은 조금 여고생 티를 내고 간 것이 그만 어쭙잖은 어른 흉내나 낸 꼴이 되고 말았습니다. 괜히 어색하고 떨려서, 그토록 그립던 늦가을 교정에 바쁜 눈길만을 주며 달아나듯 나와 버렸습니다.

선생님,

지난 번 선생님이 주신 답장이 무슨 의미인지 잘 알아들었습니다. 확실히 저의 시는 불안정한 느낌을 줍니다. 선생님 말씀대로라면 뿌리가 없는 것이겠지요. 한국적인 것, 제가 살고 있는 터전의 전설, 우리 시대의 아픔을 바탕에 깔고 시를 써야 되는데, 저는 붕 떠 있다는 느낌이 듭니다. 그것이 제 고민입니다.

'나는 혹시 시를 머리로 쓰고 있는 것이 아닐까? 가슴으로, 참된 시를 쓰는 것이 아니라 시를 만들고 있는 것이 아니냐?'

그런 생각이 들 때마다, 어설픈 시 몇 줄 써 보려고 펜을 붙잡고 있는 손을 바라보다가 펜을 내동댕이치곤 합니다.

언젠가부터 버스 여행을 하기 시작했습니다. 그 숱한 인생들을 보고, 낯선 마을을 스치면서 느끼고, 때론 아무 곳에서나 내려 걸어 보기도 합니다. 제 나이는 방황하는 시기라던가요? 그런 것은 아무래도 좋습니다. 저는 분명 너무 스스로에게만 빠져 지내고 있습니다. 나라는 인간을 철저히 분해하여 보려고 하고, 쓸데없는 점을 끄집어 올려 괴로워하고 그러는 것 말입니다. 이제 좀 시원한 곳으로 눈을 돌려야 할 땝니다.

그럼 이만 줄입니다. 안녕히 계세요.

미지는 모교를 찾아와서도 운동장을 가로질러 퇴근하는 나를 보고 오히려 잘 되었다고 생각하는 애였다. 별 할 말이 없었기 때문이라지만, 그렇게 그리우면서도 막상 찾아가려면 앞을 가로막는 손이 있었단다.

하지만 미지는 즐거운 의무감으로 매달 한 통씩 편지를 보내왔다. 스스로 정한 일 중에서 지켜지는 유일한 것이라서 신이 난다며 꼬박꼬박 편지를 썼다.

미지의 편지를 읽다 보면 몹시 괴로웠다. 심지어 짜증이 날 때도 있었다. 그 애의 아픈 마음이 감전되어 왔기 때문이다.

'나도 청년 시절에 그랬던가?'

미지는 그렇게 고민을 하더니 불문과에 들어갔다. 어릴 적부터의 꿈이 고등학교 국어 선생님이었지만, 고교 시절이 흉한 시간들이었고 비참했다면서 국문과를 버린 것이었다. 1986년 2월이었다. 그리고 〈일어나면서〉란 시 한 편을 보내더니, 고등학교를 졸업하자마자 머리를 자르고 변모하는 다른 아이들처럼 자유를 위하여서인지 그 후론 편지를 끊었다.

> 진눈깨비로 부서져 내리는 밤 / 어머니의 죽음을 하나 딛고 / 이젠 휘적이며 일어서야 하리. // 이제 내가 / 세상에 있다는 것은 / 안개 내린 새벽 산을 기인 몸살로 오르는 것 // 혹은 / 손바닥만 한 햇살을 등에 업은 이들이 / 가난한 마당에서 배추를 다듬어 내는 것 / 아니 차라리 물씬 독한 벼 잎사귀 내음 같은 것…….

그 뒤 1987년 미지가 대학 2학년 때, 나는 은비가 다니던 서울대학교 앞에서 전투경찰에게 포위되었다가 함께 간 여선생도 모른 체하고 혼자서만 도망쳤던 그 살벌한 시대를 생생하게 기억하고 있다. 또 외대 앞의 눈을 뜰 수 없을 정도의 지옥 같던 최루탄 냄새가 지금도 폐

부를 찌르며 매캐하게 한다. 그 소규모 전투, 진군가, 화염병, 뒤에서 돌을 날라다 주던 여학생들, 하얀 최루탄 연기, 그리고 뿔뿔이 흩어져 학교 안으로 후퇴하던 학생들을 지금도 잊지 못하고 있다. 그때 대학 안에서 들려오던 관현악 연주 소리도…….

정희의
잃어버린 지갑

스승의 날 무렵이 되면 나는 전과가 있는 죄인인 듯 소주라도 마시면서 쓰린 속을 달래야만 했다. 황석영의《죽음을 넘어 시대의 어둠을 넘어》란 책을 보아 광주의 참혹함과 저항을 알고 있었지만, 아직 어린 소녀들에게 무슨 말을 할 수 있었겠는가!

그런 무거운 발걸음을 중랑교 쪽으로 터벅터벅 옮기는 퇴근길인데 멀리서 누가 뛰어오며,

"선생님! 선생니— 임"

하고 부르는 것이었다. 뒤를 돌아서 잘 보니 가방을 덜거덕거리면서 다가오는 아이는 정희였다.

"아니, 정희 아니냐? 웬일이야?"

"버스를 타고 가다가 선생님이 보여서 내렸어요."

자식, 숨을 헐떡거리는 것으로 보아 꽤 멀리서 뛰어온 듯이 보였다. 얼마나 반가웠으면 차에서 내리기까지 했을까 하고 생각하니 그 애의 편지처럼 정다움이 물씬 느껴졌다.

"너, 벌써 고 3이지? 참, 정희 너, 내 답장 받았니?"

"아뇨. 받지 못했는데요."

중랑교 쪽에서 멀리 강남의 가락동에 있는 상업학교에 다니는 정희는 집에 가는 길이라고 했다. 아마 학교까지 한 시간 가량은 족히 걸릴 것이다. 더구나 밤엔 학원에 가서 주산과 부기 급수를 따야 하고, 졸업반이라 취직이 코앞에 닥쳤으니 무척 힘이 들 것이다. 나는 그 애와 몇 마디 주고받다가 헤어졌다.

'뭐라도 먹여 보낼걸!'

그런 아쉬움에 싸여 곰곰 생각하던 나는 피식 웃었다. 내가 두어 번 보낸 편지를 엄마가 검열을 하는 모양이었다. 그 당시 나야 결혼까지 한 30대 중년이었지만, 고등학생 딸을 가진 엄마는 젊은 남자 선생을 경계할 수도 있겠다는 생각이 들었다. 나는 그 뒤부터 소녀들의 편지에 한층 더 답장을 보내지 않게 되었다. 선생의 답장 한 장이면, 오뉴월 서리를 내리게 한다는 여학생들 맺힌 원한도 봄날 언 강 녹듯이 풀리게 한다는 것을 알고 있었지만……. 그런, 좀 어처구니없고 살벌한 1982년 오월 무렵이었다.

그런데도 정희에게 답장을 보낸 것은 사연이 있었다. 그 애 편지를 받으면 나도 모르게 답장을 쓸 수밖에 없는 것이었다. 한 마디로 사람을 감동시키는 편지였지만, 무엇보다 무슨 인생 문제를 질문한다든지, 아니면 자기가 무슨 나의 선배이기도 한 듯이 아이들에게 들려주라는 체험 이야기가 가슴에 뭉클 와 닿았기 때문이었다. 나는 그 정희의 편지를 국어 시간에 읽어 주기도 했다. 좋은 편지라면서…….

정희는 내가 서울에 온 다음 해 3학년 담임을 할 때 내 반 아이였다. 정희는 그 이름처럼 평범했다. 뛰어나게 공부를 잘하거나, 또는 쏙쏙 나서거나, 말썽을 부리지도 않았다. 자그마한 키에 보통 얼굴, 좀 점잖고 소심한 소녀, 그러니까 소박한 박꽃 같은 여자라고 할까?

정희는 졸업한 그 해에 철이 바뀔 때마다 편지를 보냈다. 첫 편지를 받은 게 졸업 직후인 2월 말쯤이었고, 바로 그 편지를 아이들에게 늘 들려주었던 것이다. 정희의 편지는 소박하고 순진했다. 꾸미지 않고, 깨끗하고 진실한, 그래서 한지에 먹물이 배어 가듯 꽃향기 같은 성품이 은은히 배어 나와 저절로 사람을 감동시키는 편지였다.

나는 편지를 받고 눈물이 나올 정도로 그 애가 사랑스러웠다. 읽고 또 읽어도 참으로 좋았다. 편지를 받은 지 27년이 지났지만, 지금도 그 편지를 간직하고 있다.

선생님께.

이젠 겨울도 문턱을 넘어선 듯한데, 선생님, 그 동안 안녕하신지요. 저도 하루하루 알차게 지내고 있답니다. 우리 반 친구들도 모두 잘 지내고 있는지 궁금해요.

저는 오늘 엄마한테 꾸중을 들었답니다. 겨울 방학 때부터 엄마가 길렀던 붕어를 제가 맡기로 되었지만, 물을 받아 5일 동안 양지쪽에 두어 길러야 할 것을 지키지 않고 수돗물에 그대로 길러 붕어는 며칠도 못 되어 죽었고, 동생은 가엾게 죽어 있는 붕어를 보며 나를 탓하며 울었어요.

하지만 저는 수돗물에서 겨우 사느니 죽는 편이 낫다고 하면서, "그렇게 불쌍하면 네가 기르면 될 거 아니냐!" 하며 동생을 나무랐습니다.

이런 일을 겪으니까 1학년 마지막 생물 시간 때의 기억이 나는군요. 붕어를 해부하는데 마취가 덜 되어서인지, 배를 갈랐는데도 숨을 팔딱팔딱 쉬고 있었던 붕어가 너무 가여웠어요.

그날 종례도 받는 둥 마는 둥, 책가방을 들고 생물실로 가 보니 수위 아저씨들께서 붕어를 싸 가지고 가시지 않겠어요. 그때는, '아저씨들께서 붕어를 먹어 버릴 거야!' 하고 생각하니, 무척 야속하기도 했고, 어쩌면 아저씨들께서는 붕어가 가엾어 내가 하려는 대로 땅에 묻어 주셨을는지도 모른다고 생각하며 스스로 위로한 일이 있었어요.

그 일을 잊을 때쯤 되는 2학년 민방위 훈련 때 양호실 쪽으로 대피했었는데, 제비가 죽어 있지 않겠어요? 너무 애처로워 친구와 함께 점심시간에 묻어 주었습니다. 그 뒤로 생각날 때 몇번 가 보았지만, 얼마 안 되어 까맣게 잊었다가 졸업식 날 생각이 나더라고요. 그래서 찾아가 보니, 양호실 옆 응달에 묻어 둔 제비의 묘도 풀썩 꺼져 버리고, '제비의 묘' 라고 써 두었던 조그만 나무 비석도 어디론지 사라졌어요.

이런 추억들이 떠오르니 그동안 나이를 먹을수록 잘되지는 못할망정 마음을 더 모질고 악하게만 먹은 내가 한심하기만 해요. 지금 옆에서 고이 잠든 동생은 아마도 내가 무척 원망스러울 것 같아요. 그래서 내일이면 동생한테 사과하고 붕어를 잘 기르기로 마음먹었답니다.

선생님, 곧 봄이 오면 휘경 동산에서 겨우내 움츠렸던 생명들이 피어나겠죠. 그중에서도 2학년 때 학급 친구들과 용돈을 아껴서 심은 양살구나무에 살구꽃도 피고, 몇 년이 더 지나면 살구가 열릴 겁니다. 아무리 백합이 아름답고 그윽한 향기를 지니고 있다 해도 살구꽃이 지니고 있는 사연을 안다면 동생들은 반드시 살구꽃을 더 귀중하게 생각할 것입니다.

선생님,

선생님께서 조례 시간마다 가르쳐 주신 '논어 공부' 또한 모든 친구들에게 많은 교훈이 될 것입니다. 선생님의 가르침에 어긋남 없이 고등학교에 가서는 공부 열심히 하고 착한 학생이 되어 후회하지 않는 생활을 하며 휘경 여중의 학생을 자부하고 싶어요.

끝으로 4반 친구들의 앞날에 행운이 깃들고, 선생님도 내내 건강하시고 평안하시길 빌겠습니다. 안녕히 계세요.

80년 2월 26일 정희 올림.

그 무렵 나는 한문 공부도 시킬 겸해서 아침마다 논어를 한 구절씩 가르쳤다. 공자의 인仁이 뭐 별거겠는가. 사랑은 측은한 마음에서 시작되는 것이니, 사춘기 소녀인 정희의 그런 마음 씀씀이가 바로 인이 아니겠는가. 정희의 편지는 참으로 사람의 마음을 정답다 못해 아프게까지 했다. 그 이유는 생명에 대한 사랑 때문이었을 것이다.

그러나 정희는 변하기 시작했다. 상업학교에 다니면서 계산적이고, 깍쟁이가 된 것을 하소연하면서 못내 슬퍼하면서도 그 책임이 선

잃어버리고 나서야 비로소 자유를 얻게 된다. 어른이 된다는 것은 한없이 외로운 일이기도 하리라, 여린 아이들이게는. 하지만 그때야 세상을 향해 성장하게 되지 않는가.

생님들에게 있음도 날카롭게 비판하는 여고생이 되었다. 학교에서, '부지런해라, 차분해라.' 는 말은 들어 본 기억이 없고, 언제까지 주산 급수 몇 급, 또 부기 급수 몇 급 올려놓으라는 말밖엔 기억할 수 없다는 것이었다. 그래서인지 중학교 때보다 공부를 세 배는 더하여 반에서 상위권에 들었다면서 특수은행에 취업을 해서 야간 대학, 아니면 방송통신 대학에 가려 한다고 털어놓았다.

하지만 정희는 학교를 졸업하고 곧 갈등하면서 좌절하기 시작했다. 졸업하고 대기업 반도체 회사에 취직하여 두어 달 근무하다 사표를 냈다는 편지를 보내왔다. 나는 가슴이 아팠다. 사회생활의 첫발을 내디뎠던 반도체 회사에 입사했지만 쉬 적응하지 못했던 탓이다. 하지만 부모님이 걱정도 되어서 친척의 소개로 다른 곳에 입사했다고 했다. 사회에 나름대로 적응하는 친구들을 보고 자기도 다시 힘을 내서 일하겠다는 내용이었다.

그러나 그 해 가을 정희의 편지엔,

'지나간 여름, 나는 열심히 살았다고 생각하는데, 왜 만족할 만한 대가가 주어지지 않았을까? 갑자기 성큼 다가온 가을에 아무런 수확도 없는 내 자신이 한없이 초라하기만 하다.'

면서 몹시 지친 듯한 편지가 덩그러니 편지함에 도착해 있었다. 편지를 뜯어보고 몹시 가엾기도 했지만, 한편으로 어른이 되어 가는 그 애가 대견스럽기도 했다.

그렇게 정희는 서서히 성장해 가는가 싶었는데, 1987년 스승의 날 무렵에 반가운 편지가 왔다. 6·10 민중항쟁이 터진 해 5월쯤이었다. 어느덧 24살 다 큰 처녀가 된 정희가 오랜 만에 새로운 편지를 보내온 것이다. 무엇보다 기특한 것은 스스로의 힘으로 자기를 극복한 듯 보인 점이었다. 바로 남대문 시장으로 사람들이 살아가는 모습도 보고, 장도 볼 겸해서 나섰다가 소매치기를 당한 일이 계기가 되었단다.

선생님,

그 동안 안녕하신지요?

한번 찾아뵙지도 못하고 지면으로 인사 올리게 되어 죄송합니다. 직장 생활을 시작하고 처음으로 꾀병을 핑계로 결근하고 여유 있는 하루를 보내기는 하나, 마음 한구석에는 찜찜한 점도 있어요.

얼마 전에 남대문 시장에서 지갑을 소매치기 당해서 주민등록증을 잃어버리고 다시 발급받아야 하는데, 직장에선 시간도 나지 않고 몸도 정신도 피곤해서 하루 쉬기로 했습니다.

정희는 자기만의 이기심의 달팽이 집 속에서 뛰쳐나왔다. 그러면서 어느 곳이든 날아가 피어나는 **민들레 꽃씨**의 생명력과, 활활 타는 장작불의 힘, 곧 민중의 의미를 깨달았던 것이다.

저는 가끔씩 남대문 시장에 가곤 합니다. 그곳은 저에게 삶의 활력을 불어넣어 주었습니다. 많은 인파 속에서 이리 밀리고 저리 밀리다 보면 내가 살아 있다는 것을 느낍니다.

기분이 좋지 않은 날은 별로 살 것도 없지만, 혼자 많은 사람들의 틈바구니 속에서 사는 사람들과 파는 사람들의 실랑이를 듣기도 하고, 때로는 반찬거리라도 사 가지고 돌아옵니다. 그런데 그곳에서 지갑을 잃어버린 후 다시는 가고 싶지 않는 곳이 되어 버렸습니다.

지갑을 잃어버리고 며칠 동안 다른 일에 열중하지도 못했고 분한 생각만 났습니다. 얼마나 분했으면 잠꼬대까지 했는지 동생이 나무랐습니다. 제가 너무 이기적인 사람이라고……. 세상에는 자신의 모든 것을 바쳐서 다른 사람을 위해 희생하는 사람이 많은데, 언니의 일부분인 지갑 하나 잃어버리고 자신의 모든 것을 잃어버린 사람처럼 행동한다고…….

동생의 충고를 듣고서야 저는 제정신으로 돌아왔습니다. 잃어버린 물건은 저에게 많은 것을 깨닫게 했습니다. 고등학교 2학년 때, 아주 작은 지우개를 잃어버린 후 두 번째로 잃은 것이죠. 지우개를 잃어버리고 그것을 찾으려고 청소 당번도 아닌데 끝까지 남아서 쓰레기통까지 뒤지다가 찾지 못하고 화가 나서 집으로 돌아왔던 일, 그 뒤로 지우개 한번 사서 쓰지 않고 남에게 빌려서 썼던 일이 눈에 선해요.

선생님, 실망하셨죠?

그동안 제 자신의 성을 쌓고 그 안에서 혼자만의 욕심을 채우려 했던 달팽이 같은 제가 미워요. 하나의 장작이 타는 것보다 장작더미가 타는 것이 강하듯이 다른 사람들과 서로 도와 힘을 합해서 함께 살아가야 한다는 평범한 진리를 이제서야 깨달았습니다.

정희의 지우개와 지갑 이야기를 읽다가 나는 러시아 작가 고골리가 쓴 단편 소설 〈외투〉를 생각했다. 외투 한 벌을 도둑맞고 반미치광이가 되어 버린 가난한 어느 소시민이 처절하게 절규하는 소설이다.

하지만 그것과는 다르다. 정희는 잃어버리고 나서 비로소 자유롭게 된다는 이치를 몸소 느낀 것이다. 자신을 깨고 세상을 향해 열리기 시작한 것이다.

정희는 그 편지 추신에 언제 시간 내서 한 번 찾아온다더니 소식이 없었다. 그러다가 10년 뒤 외환위기 직전인 1996년에 긴 편지를 보내왔다. 7년을 그 회사에서 일하다 같은 회사에 다니던 어떤 기사의 도움으로 컴퓨터 프로그램에 빠진 후 6개월 연수를 받다가 드디어 야간 전산 전문대학을 졸업했다는 것이다. 그리고 지금은 내가 사는 곳 가까운 곳에 컴퓨터 학원을 운영하고 있단다. 30대 중반이 되어 정희는 자기 길을 찾았고, 어느 해 스승의 날 드디어 나를 찾아 우리 학교, 아니 그 애의 모교에 다녀갔다. 그리고 뜻밖에 정희가 글도 쓴다기에 기특하여 내가 쓴 《시창작교실》을 선물로 주었다.

'아, 참 오랜만이었다. 정희야, 이제 정말 어른이 다 되었구나!'

예쁘지 않은 여자를 찾으세요

"선생님은 가만히 계시는 거예요."

은비가 하는 말이었다. 그러면서 대학로 카페에서 그 남자를 만났는데, 서로 원하는 스타일이 아니란다. 그러니 이제 안 만나게 될 테니, 나더러는 가만히 있으면 된다는 것이었다. 나는 좀 허망했다. 평생 처음으로 중매라는 것을 서 보았는데, 보기 좋게 실패하고 말았다.

자초지종은 이랬다. 넥타이가 역겨워서 검은 폴라 티를 입고 검은 뿔테 안경을 쓸 때니까, 10년 남짓 되지 않았을까. 그 당시 검은 뿔테 안경은 잘 부러졌다. 술 마시다가 부딪치면 영락없이 부서졌고, 안경을 벗거나 끼다가도 부러졌는데, 간신히 스카치테이프로 안경다리를 이은 채 빈 시간에 얼른 근처 안경점에 가서 테를 바꾸기 일쑤였다.

"또 안경테가 부러졌나요?"

"아, 예……."

그처럼 얼버무리고 흐릿한 눈으로 기분 나쁘게 찾아가던 안경점이 나중에 알고 보니 바로 주민이네 집이었다. 주민이는 3학년 때 내가 국어를 가르쳤는데, 소설을 지도하자 문학상에 가작으로 당선한 애였다. 그 뒤로 주민이네 부모님들은 나를 깍듯이 대하더니 졸업 때 넥타이핀을 선물로 주었다.

"즈 오빠들은 공부를 잘하는데…… 주민이가 좀 치이지요."

그러니까 주민이가 자기만 신경 써 주지 않는다고 토라져서 변변찮다면서 선물을 가져왔다는 것이었다. 나는 웃으면서 그냥 기분 좋게 받았고, 그 뒤에도 주민이의 장래 등 이런저런 집안 이야기를 나누게 되었다. 알고 보니 주민이 아버지는 원래 광주에서 공무원으로 일했었는데, 아이들 공부 때문에 상경하여 안경과 금은방 기술을 익혔다고 했다. 그리고 자식농사도 마음먹은 대로 성공적이었다.

"큰 애가 일류 대학을 나와 행정고시에 합격했는데, 지금은 대학원을 다니는 중이랍니다. 제자들 중에 좋은 처녀 있으면 중신 좀 하세요."

나와 친해진 주민이 엄마가 커피를 내놓으면서 아들 자랑도 할 겸해서 넌지시 던진 말이었다. 그때 문득 미지의 친구인 은비가 떠올랐다.

내 전화를 받고 은비는 괴상하게 웃었다. 참으로 괴상하다라고밖에 할 수 없는 키득거리는 그런 웃음이었다. 아마 내가 중매를 설 줄은 꿈에도 생각하지 못했을 테니 그러지 않았을까. 그런데 다음에 온 전화가 더 걸작이었다. 아니 그 애 말이 좀 스산해서 슬프기도 했다.

"카페에서 머리가 부수수하고 안경 낀 여자 중에서 이쁘지 않은 여자를 찾으면 된다."고 전화로 그 남자에게 자기를 소개했다는 것이다. 그 '이쁘지 않다' 는 말이 맘에 걸렸는데, 아니나 다를까 한 번 만나고 서로 보기 좋게 딱지를 놓은 모양이었다.

'서로 원하는 스타일이 아니라니…… 은비야 그럼 너는 어떤 남자를 좋아하니? 아니 남자에게서 사랑을 느끼기라도 하니?'

내 체면을 보아 등떠밀리듯 남자를 만나긴 했을 테지만, 그것이 늘 궁금하여 지금도 물어보고 싶은 말이다. 아무래도 기가 너무 세서 혼자 살 것 같은 느낌이 들었다. 하지만 방정맞은 생각이었음에 틀림없을 것이다.

은비는 중학교 시절에 성적도 아주 뛰어났고, 학생회장까지 할 정도로 활동적이었다. 교지 편집 일로 노천명 시비 탐방이랑 김유정 문인비 답사를 다니면서 미지와 친구가 된 모양인데, 무엇보다 문학소녀라는 닮은 성향 때문에 서로 지금껏 어울리면서 살고 있을 것이다.

그런데 뜻밖의 경험을 했다. 그 애들이 대학으로 떠나고 내가 전국국어교사모임을 꾸리면서 맹렬하게 활동할 때였다. 충북대학이던가? 전국 연수를 열고 있는데, 문득 그 은비를 발견했다. 국어 선생이 되어 있었던 것이다.

"은비야! 벌써 국어 선생님이 되었구나."

"아! 선생님……."

나는 옛날 제자가 동지가 되어 있는 것을 보고 얼마나 반가웠는지 모른다. 그 뒤로 '은비야' 라는 반말 대신 '선생' 이란 말을 덧붙여 부르기 시작했다. 미지한텐 좀 미안하기는 했지만……. 그런저런 인연 때문인지 미지처럼 지금도 늘 가깝게 살고 있는 느낌이 든다.

얼마 전에는 시나리오를 쓴다기에 학원 30년사를 편찬할 때, 글까지 부탁했다.

'휘경' 하면 우선 떠오르는 것은 교정 가득히 큰 키를 늘어뜨리고 서 있는 나무들이다. 3년간 그 나무 사이를 거닐며, 혹은 벤치에 앉아 친구들과 떠들던 일이 기억난다. 그 나이답게 유치한 대사를 진지하게 읊어 대던. 바람이 불 때마다 까르륵 웃어 대는 나뭇잎들 사이로 보이는 하늘은 늘 나를 설레게 했다. 난 서울 시내 모든 학교가 다 휘경 같은 교정을 가진 줄 알았다. 하지만, 10년 뒤에 내가 중학교 교사가 되어 우중충한 회색 건물의 황량한 학교들을 겪고서야 깨달았다. 내 사춘기의 무대가 휘경이었기에 그나마 추억할 거리라도 있다는 것을. 그때는 그것이 얼마나 축복인지 몰랐다. ……

오래 전 그날, 어둑어둑해져 그림자가 길게 늘어진 나무 사이를 친구들과 가로질러 걷던 기억에 새삼 가슴이 아픈 것은, 휘경 동산 어딘가에 묻혀 있을 지나 버린 내 사춘기에 대한 그리움 때문일까? 언젠가 학교 도서관에 누워 있을 학급문집들을 꼭 방문해 보고 싶다. 3년 동안 친구들과 여러 날 밤을 새워 만들었던 그 추억을 되찾아 오고 싶다.

그런 그 애의 그리움을 나는 빛이 바랜 그 시절 교지에서 찾아보았다. 중학교 2학년 때 은비는 동부 지구 백일장에서 장원을 했던 것이다. 제목은 〈제 5계절 이야기〉였다. 우연히 사촌 동생이 입원한 병원에서 만난 현우라는 소년에 얽힌 자기 고백 수필이었다. 간단한 동화 스타일이었지만, 상상력과 구성력이 뛰어났다.

"누나, 어떤 계절이 좋아요?"

"글쎄."

현우의 갑자기 묻는 질문에 난 좀 당황했다.

"싫고 좋은 게 어딨니? 그냥 자연의 섭리대로 사는 거지."

나도 모르게 아주 어른 같은 대답이 튀어나왔다.

"난, 나와 자연이 하나로 합친 제 5의 계절에 살고 있어요. 거긴 아주 멋진 곳이에요. 목발을 짚지 않아도 달리고 나무에 오를 수 있는 곳."

"그래, 좋겠구나."

나와 말하고 있는 소년의 모습이 점점 그 그림 속으로 들어갔다. 어쩌면 제 5의 계절에 대한 현우의 상상은 불구가 된 그에게 절망에서 빠져나올 수 있었던 탈출구였는지도 모른다.

아직 어린 중학교 2학년 열다섯 살 때 이미 불구가 된 소년과 자기를 동일시하며 은비는 제 5계절을 꿈꾸고 있었던 것이다.

그 무렵 사춘기 여학생들은 벤치에 앉아 발을 흔들면서 멍하니 왕자님을 기다리고 있었다. 바로 백일몽白日夢이었다. 그렇게 아이들은 대낮에 자지 않고 꿈을 꾸면서 불만스러운 현실을 탈출했던 것이다. 아니 지금도 상상에 빠지기 쉽고 잠자기 좋은 국어 시간에 아이들은

지적인 작업을 하는 사람은 자식을 둘 필요가 없다는 플라톤처럼 그 여인은 평범한 새를 초월한 갈매기 조나탄, 아니면 바다패랭이꽃처럼 나무로 변신하는 꿈을 꾸는 것은 아닐까.

꿈을 꾸고 있으니 예나 지금이나, 어른이나 아이 할 것 없이 누구나 빠지는 몽상인 셈이다. 은비는 황량하고 부조리한 이 세상에서 마음껏 자기를 펼칠 수 있는 자유를 꿈꾸었던 모양이다. 그러더니 국어 선생이 되었다. 한마디로 소설을 쓰고 싶었던 것이 아닐까?

"그렇구나, 적어도 은비는 문학에서 그런 자유를 그리고 싶었던 것이구나."

그렇다면 우리 사회가 여성을 차별한다는 것을 알고 은비는 결혼을 피한 것이 아닐지 모르겠다. 그만큼 영리한 소녀였던 은비는 솔직하기도 했다. 미지와 함께 인사동에서 만나거나, 혹은 자청하여 술이라도 한잔 사게 되면 은비는 이것저것 계산하지 않고 속을 털어 놓았다.

"얼마 전 어떤 남자가 말했어요. 자기와 결혼하지 않으면 정말 저는 결혼하지 못할 거라고……."

나중에 보니 그 남자 말이 맞아떨어진 셈이다. 은비는 자기를 미치게 좋아하는 사람이 없는지, 아니면 자기를 미치게 하는 남자를 못 만났는지 끝내 결혼을 하지 않고 강남의 고등학교로 전근을 간다는 핑계로 집에서 독립해 나갔다. 그래도 미지를 부러워하는 듯한데, 그것은 시댁과의 거치적거리는 관계가 없기 때문인 모양이었다. 그러면서 당구도 치고, 유럽 배낭여행도 다녀오고, 시나리오도 쓰고 있다.

'정말 자유로울까, 아니면 문학과 결혼한 것일까?'

나는 은비를 잘 모른다. 그것은 이상하게 3년간 국어 시간에 은비를 한 번도 가르치지 않았기 때문이다. 하지만 똑똑하고 활동적인 아이라서 내 주변에서 얼씬거리는 행동에서 이것저것 느낌은 많이 받았다. 은비는 말도 빨리 하고, 행동도 공격적이어서 당시 담임한테 가끔 얻어맞기도 한 기억 같은 것 말이다. 한창 젊은 양 선생은 그 애를 아끼면서도 비판적인 행동을 하는 은비를 자주 다그쳤다. 그렇게 반장에게 본때를 보여 사춘기 아이들을 잡던 시절이었다.

"애들을 가라앉히기보다는 몰고 다니면서 더 떠드는 놈이라…… 헛헛 허허허……."

은비를 잘 모르는 것은 나이를 먹어 가는 내 기억 탓도 있다. 며칠 전 예전에 함께 국어교사모임을 꾸렸던 김용훈, 김종호 선생을 만났는데, 은비를 기억하고 있었다.

"경주에서 전국 연수할 때 왔어요. 똑 부러지는 소리가 나던데요. 그 후에도 몇 번 만났지요, 이런저런 일로."

"그래요? 난 충북대학인 줄 알았는데……."

그렇다면 나는 은비를 정말 잘 모르는 셈이다. 하기야 여자는 함께 30년을 살아도 알쏭달쏭한데, 가끔 바람처럼 스쳐 지나가다가 어쩌다 만나는 은비를 어떻게 알 수 있으랴. 미지한테나 물어보아야 하지만, 미지는 예나 지금이나 입이 무거우니 시원스레 말해 줄지 의문이지만…….

"헌데 글을 쓰면서 혼자 살아가는 국어 선생은 정말 행복하고 자유로울까?"

하기야 어떤 여성운동가는 '여성의 가장 큰 적을 여성이 매달리는 사랑'으로 보았고, 평생 독신으로 산 철학자 플라톤은 지적인 작업을 하는 사람은 책이 자식이니 더 이상 딸자식을 둘 필요가 없다고 말했다. 칸트도 혼자 살지 않았는가.

은비는 어떤 꽃일까……? 아니 이미 갈매기 나는 바닷가에서 작은 나무로 변신하고 있는지도 모른다.

미국으로
꽃씨를 가져간 선희

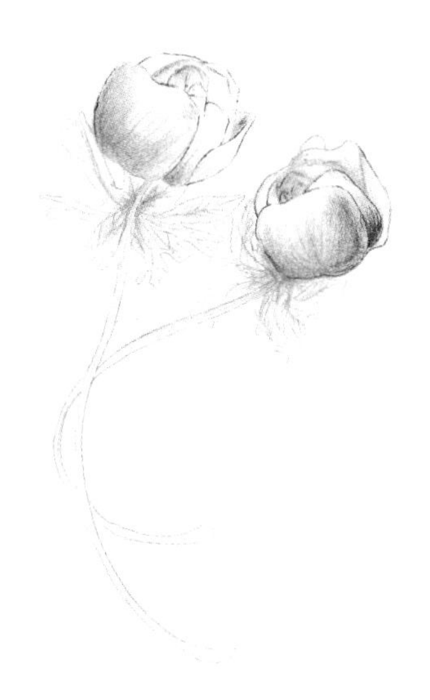

벌써 20년 가까이 되었다. 1990년이었으니까, 6월 민주화운동과 교원 노조 설립의 희비를 겪어서인지 학교도 꿈틀꿈틀 변하던 때였다. 3학년 담임을 맡던 그 해 사월에 새싹이 돋는 봄이라 뭔가 길러 보고 싶은 충동을 느꼈다. 가난한 시절이었지만, 봄에는 꽃망울이 부풀지 않는가.

"우리 수세미를 길러 보면 어떨까?"

아이들은 흔쾌히 승낙했다. 그래서 수세미 모종을 몇 포기 사오라고 하여 교실 남쪽 창가에 심고 아이들이 거름을 듬뿍 주었다. 심지어 자기 집 강아지를 끌고 와서 똥을 싸게 하는 장난꾸러기 놈들도 있었다. 그 덕인지 수세미 넝쿨이 줄을 타고 이층 창문에까지 기어 올라오더니 노랗고 귀여운 꽃들을 피웠다. 이윽고 수세미 두 개가 탐스럽게 열렸다. 신이 난 아이들은 아주 자랑스러운 모양이었다. 선생님들도 흐뭇하게 창 너머로 기웃거렸다.

"선생님, 수세미 저 하나 주세요!"

가을에 수세미를 욕심내는 이들이 나타났던 것이다. 장난인 줄 알았더니, 김혜란 선생이 하도 졸라대서 마지못해 한 개를 주고, 또 한 개는 교실 칠판 옆에 걸어 두었더니 아이들은 얼굴 미용에 좋다는 소문을 어디서 들었는지 수세미 즙을 찍어 바르고 난리를 쳤다. 해서 남은 것은 수세미 검은 씨였다.

"수세미 씨 하나가 죽어서 몇 개가 되었나요?"

그렇게 생명의 고귀함을 일깨워 줄 참 좋은 졸업 선물이었는데, 바쁘다 보니 어느 새 아이들에게 선물할 기회를 놓치고 말았다. 그리고 나는 상담실에 근무하게 되었다.

'원 이렇게 상담실에 아이들이 드나들지 않아서야……. 참, 수세미 씨를 나누어 준다면 아이들이 상담실과 친해지지 않을까?'

문득 그런 생각이 들었다. 마침 붉은 약호박이 굴러다니고 있어서 그 씨를 받고, 학교에 흔한 나팔꽃 씨앗도 받았다. 그리고 써 붙였다.

수세미와 호박, 나팔꽃 씨앗을 나누어 드립니다.

그러자 아이들은 좁은 상담실이 터질 정도로 몰려들었다. 정말 상상하지도 못한 일이 벌어졌던 것이다. 그날 오후에 경동 시장에 가서 꽃씨를 오천 원어치 사 왔다. 분꽃, 맨드라미, 표주박, 해바라기, 금잔화, 채송화, 과꽃 등 한 보따리였다. 다음날 100명도 넘는 아이들에게

마지막엔 모두들 이름이 지워지고, 또 더 세월이 지나면 우리들의 이름을 불러 주는 정다운 사람들마저 말없음표처럼 사라지고 마는 것 아닌가. 꽃도 그처럼 피었다가 금세 지지만, 탐스러운 열매로 몸을 바꾼다. 세월은 그런 것이다.

꽃씨를 선물했다. 모두들 행복한 얼굴이었다.

그런 뒤에 교정을 둘러보니 추레한 맨드라미도, 하얀 꽃대가 꺾인 과꽃도, 꽈리도 언 채 달려 있었다.

'그렇게 봄이면 꽃을 사다가 심었구나. 꽃씨 받는 사람도 없어서…….'

나는 겨울 교정 이곳저곳을 돌면서 꽃씨를 받았다. 행복하기도 했지만, 씁쓸한 느낌도 들고 민망하기까지 했다. 꽃씨 받는 일은 여자들의 일로나 여겼던 것이다.

하지만 그 뒤로 나는 꽃 귀신에게 신들렸는지 어디를 가건 꽃만 보면 그 씨를 구하려는 병이 생기고 말았다. 그래도 쓸쓸한 겨울바람 속에 가엾게 서 있는 마른 꽃씨집도 아름다운 것을 처음으로 느꼈던 것은 삭막한 겨울 탓이었을까, 아니면 봄을 기다리는 그리움 때문이었을까.

당시 잊히지 않는 아이가 있었다. 선희였다. 선희는 키도 크고, 인물이 곱고, 노래도 잘 하던 소녀였는데, 어느새 결혼하고 상담실을 찾아왔다.

"선생님, 우리꽃 씨앗을 얻으러 왔어요."

"꽃씨를, 왜?…… 그보다 어떻게 알고 왔니?"

꽃씨를 거두고 나누어 주는 일이 어느덧 학교 주변에 소문이 난 모양이었다. 하기야 꽃씨를 보내 준 학부형도 더러 있었으니까.

빙긋 웃는 선희는 다 아는 길이 있다면서, 남편이 형편상 미국으로 먼저 이민을 떠났는데, 과꽃, 채송화, 봉숭아, 맨드라미 같은 향토적인 우리 꽃씨를 구해서 들어오라는 부탁을 했다는 것이었다. 이국땅에서 고향의 체취를 느끼려는 뜻을 짐작하고 나는 선뜻 이것저것 한 보따리 싸 주었다.

선희가 돌아간 뒤에 나는 낡은 기억의 뒤울 안을 기웃거려 보았다.

벌써 오래 전 일이다. 헤아려 보니 이 학교에 처음 발을 디딘 첫해, 그러니까 1978년에 나는 1학년 7반 담임을 하면서 3학년 두 반에 들어갔는데, 그때 선희는 내게 국어를 배웠다. 하지만 나는 그 무렵 국어 시간의 일이 거의 기억에 남아 있지 않았다.

다만, 선희가 시민 아파트 우리 집에 찾아온 기억이 희미하게 남아 있었다. 그 애는 늑막이 안 좋아서 병원에 다니면서 약을 먹고 있다고 했다. 그도 그럴 것이 고기를 싫어할 뿐만 아니라, 심지어 콩도 안 먹는다는 것이다. 집사람은 젊어서 자신도 선희와 마찬가지로 고기를 피했다며 여러 충고를 해 주었다. 그런 뒤 선희는 편식을 하지 않아 몸이 회복되어 간다고 했다.

오래도록 버리지 못하고 모아 놓은 편지 뭉치를 뒤적거려 보니 선희가 보낸 편지가 많았다. 선희는 인근 상업학교를 다니면서 내게 자주 편지를 썼던 것이다.

두 갈래 머리를 땋은 그 애가 아프기 시작하던 여고 1학년 때 내게 보낸 첫 편지는 흐뭇하기도 했지만 마음을 오래도록 아프게 했다.

존경하는 선생님께.

눈이 어설프게 내렸습니다. 겨울 가는 소리가 슬프게만 들립니다. 전에는 교정에 소복이 쌓인 눈을 밟으면서 어느 시인의 흉내를 내곤 하던 겨울이 언제부터인가 울적한 계절이 되었습니다.

병이란 것이 무섭게 여겨지기는 처음입니다. 열린 창틈으로 어둠이 밀려들어 오면 수많은 번민을 하고 공포에 떨면서 문득 많은 사람들이 보고 싶었습니다. 그리고 다가오는 적막감과 허무감.

선생님,

하지만 겨울은 깊이 생각하는 계절인가 봅니다. 무엇보다 금년 겨울엔 약을 시간 맞추어 먹고, 먹기 싫어도 몸에 좋다는 음식을 모두 먹고 있습니다. 딱딱하다고 먹기를 꺼려하던 콩도 먹고, 이상할 정도로 싫은 육류도 선생님 댁을 다녀온 후부터 조금씩이라도 섭취하고 있습니다. 이것을 보신 아버지께서는 신기하다는 듯이 많이 먹으라 하시며 여간 기뻐하는 게 아니겠어요?

그동안 부모님의 심정을 너무나도 헤아려 드리지 못한 것 같았습니다. 부모님께서 더 슬퍼하셨을 텐데, 저는 그 생각을 미처 하지 못하고, 고통을 잊기 위해서 발길 가는 대로 걸어 다니다가 지치면 돌아와 쓰러지는 날도 많았습니다.

오늘부터 그런 바보 같은 행동은 상상도 하지 않겠습니다. 3개월 정도만 잘 치료하면 나을 수 있다고 의사 선생님이 말씀하셨고, 또 국어 선생님 말씀대로 마음을 낙천적으로 편하게 가지면서 답답할 때에는 책을 읽으면서 음악을 듣고 있습니다.

선생님, 방황하던 돛단배의 길을 바르게 인도해 주셔서 고맙습니다. 그리고 어수선한 마음을 가다듬어 주셔서 정말 감사합니다. 봄의 따사로운 햇살로 건강을 되찾으면 제일 먼저 선생님께로 향해 달려갈 것입니다. 개학 후 글 다시 올리겠습니다.

1979년 1월 19일 선희 올림.

선희는 맏딸이었다. 그 당시 맏딸은 대개 상업학교를 나와 취직을 하여 동생들 치다꺼리를 하는 게 형편이 그리 넉넉하지 못한 집안에서 태어난 여자의 운명이었다. 선희도 그런 길을 가고 있었는데, 상업학교에 다니면서 밤엔 학원에서 주산과 부기 급수를 따야만 좋은 직장에 취직할 수 있었다. 인물 좋고, 심성 고운 애가 그처럼 시달리다가 몸이 견디지를 못한 것이다. 거기에 음식까지 가렸으니, 급기야 병을 얻었을 수밖에.

'그래, 학년에서 일등 하면 담임에게 금반지를 준다는 헛소문이 돌던 때였지.'

선희가 보냈던 편지를 꺼내 읽다가 당시에 나도 선희처럼 몹시 시달렸던 것을 기억했다. 그 당시 선생들은, "넥타이를 왜 안 매나요? 또 숙직 날을 잊었군요! 시말서 세 번이면 사표를 내야 합니다." 등등 로마 황제 같은 학교장과 감옥의 간수 같은 교감으로부터 사사건건 꼬치꼬치 간섭을 받던 시절이었다. 또 지금처럼 성적이 매우 중시되던 시절이었다. 거기에 환경 미화, 청소, 공납금까지 더하여 일등에서 꼴등까지 학급 등수를 매겨 중학교 어린 여학생들을 들들 볶던 때였다.

어느 날은 공납금 그래프를 복도에 공개하는 짜증나는 일이 벌어졌다.

'선생을 뭘로 보고…… 더구나 돈 때문에…….'

나는 몹시 분개하여 어느 날 좀 늦게 퇴근하면서 몰래 그 막대그래프가 그려진 널빤지를 떼어서 1층 계단 아래 창고에 처박아 버렸다. 그리고 시치미를 뚝 뗐다. 며칠 간 침묵으로 일관하던 학교장은 무슨 생각이 들었던지 다시는 그런 모욕적인 짓을 하지 않고 교장실에 붙여 놓고 반별로 별표를 한다는 소문이 돌았다. 별 하나부터 별 다섯 개까지…….

선희도 그처럼 삭막한 시대가 주는 핍박을 못 견뎠으리라. 하지만 나에게 편지를 가끔 보내오면서 선희는 병이 완쾌하여 졸업하고 취직을 했는데, 몇 년이 지난 어느 날 갑자기 이민을 간다면서 우리꽃 씨를 가져가더니, 얼마 후 남편이 참 좋아했다는 편지와 함께 야생화 책, 그리고 미국의 야생화 씨앗을 푸짐하게 보내왔다. 하지만 나는 그 씨앗들을 생물 선생에게 주고 말았다. 우리 들판에 미국의 야생화가 번지면 생태계 교란이 일어날 것이 불을 보듯 뻔했기 때문이다.

지금도 간직하고 있는 미국의 야생화 책은 아주 화려하다. 눈에 익은 하얀 데이지, 진분홍빛 제라늄, 물망초와 코스모스, 해바라기, 금잔화, 그리고 미국인들이 물백합이라고 부르는 수련도 있었다. 또 하얀 제비꽃과 백합, 노란 붓꽃 같은 아이리스 등이 아주 어여뻤다.

재미있는 것은 우리 학교에도 피는 족도리풀과 노랑개불알꽃, 또 천마산 주변 산에도 사는 천남성, 터키모자를 쓴 듯한 나리 꽃도 눈에 띄었던 점이다.

'미국에서는 노랑개불알꽃을 부인의 슬리퍼라고 부르는구나!'

그렇게 참 많은 것을 연상시키는 미국 야생화 책을 받은 뒤 몇 년간 선희를 잊어버렸는데, 어느 날 전화가 왔다.

"저, 선희예요, 선생님!"

"미국에 간 선희……? 야, 반갑구나! 몇 년 만이니?"

"선생님, 우리 만나요. 남편도 많이 보고 싶어 해요, 아이들까지요."

나는 약속 장소에 가려고 잠실 지하철역을 나오다가 그 애 선희를 만났다. 머리칼을 출렁거리면서 반갑게 웃는 모습이 예전 소녀 시절과 별로 달라진 게 없는 듯했다. 그런데…… 아프단다. 어지러워 빈혈인 줄 알았는데, 검사해 보니 적혈구에 이상이 있는 병이라니…….

그 애와 헤어진 후 핼쑥하던 예전 얼굴이 떠올라 가슴이 답답했다. 선희를 기억하는 집사람도 가슴 아파하면서 곰곰 생각하더니 단전호흡을 권했다. 다행스럽게 선희도 요가 같은 걸 해 보고 싶다고 해서

꽈리 열매[1], 맨드라미[2], 백일홍[3], 데이지[4],
족도리풀 꽃[5], 나리 꽃(털중나리)[6].

1	2
3	4
5	6

도장에 데리고 가 단전호흡 책과 개량 한복도 주고 미국에 돌아갈 때까지 며칠간 집사람과 함께 수련을 시켰다. 보약도 추천하고…….

'미국에도 과연 그런 도장이 집 가까이 있을까?'

선희가 미국으로 떠난 뒤 자꾸만 그 애와 남편, 그리고 아이들이 걱정되어 눈에 어른거렸다. 다행히 식당에서 음식을 대접받으면서 만난 남편은 듬직했다. 무슨 컴퓨터 회사를 다닌다고 했다. 사내 아이 둘도 활발하면서도 단정해 보였다. 선희가 아이들 교육을 잘 시킨다는 뜻이다. 원래 깨끗한 소녀라서 느끼한 고기도 피하고, 손톱에 매니큐어나 속눈썹 치장 같은 것은 해 본 일이 없는 선희가 미국에서 교회를 다닌다는데, 그 애가 믿는 신의 은총을 바랄 수밖에. 물론 신의 가호를 입을 자격이 있다. 중년 여인이 되었어도 정갈함을 잃지 않은 듯이 맑게 보였으니까. 여고 시절 선희가 청순한 난을 좋아했듯이.

나는 선희를 다시 만나 시를 한 편 썼다. 마지막엔 모두들 이름이 지워지고, 또 더 세월이 지나면 이름을 불러 주는 붉은 꽈리 같은 정다운 사람들마저 말없음표처럼 사라지고 마는 것 아닌가.

내 왼쪽에서 웃던 아이

올림픽 공원 지하철 역 마지막 계단을 벗어났을 때
햇살이 눈부시게 쏟아지는데

선생님!
누가 불러서 옆을 보니 그 애였다

머리칼 출렁이면서 토끼 이빨로 웃던 너는
어느 새 중년 여인이구나
미국으로 떠나면서
맨드라미랑 분꽃, 채송화 같은 꽃, 촌스러워 더 정다운 붉은 과꽃 씨앗도 받아 가던 아이,

전농동 시민 아파트 가난한
우리 집으로 찾아왔던
청신한 여고생이 왼쪽 옆구리의 늑막을 앓더니, 갈비뼈가 아프더니

노란 은행잎이 마구 지면서, 바람에 휘날리는데
오늘은 미국에서 아이 둘을 데리고 돌아와
불량성 빈혈을 앓는다, 왼팔에 퍼런 멍이 든 채

오늘은 종합 운동장 가로수 길을
내 아픈 가슴 왼쪽에서 걷고 있지만

어느 가을 하늘 푸르른 날
낙엽이 지는 오후쯤에 우리는 손을 놓고 헤어질까

선생님께 편지 쓰려면 꼭 비가 와요

벌써 25년이 흘러가 버렸다. 세월은 시냇물처럼 졸, 졸, 졸, 천천히 흘러가는 듯하지만, 지나고 보면 인생이란 한바탕 꿈이라는 옛사람들의 표현이 틀린 말은 아니다. 인정이를 생각하면 그러하다.

지금도 내 기억 속에 또렷하게 살아 있는 인정이는 눈이 크고, 눈동자가 검고, 해맑은 소녀였다. 한마디로 무 꽃이나 노란 장다리꽃처럼 한없이 순수한 아이였다. 또한 조용하고 차분한 아이라서 음악 듣기를 즐겨 하고, 책 읽기와 글쓰기를 좋아했다.

25년 전 인정이는 내가 담임을 맡은 반에서 3학년을 지내고 졸업한 뒤에 한 학기를 집에서 놀다가 미국으로 이민을 떠나갔다. 그 뒤 한 3년 남짓 편지가 오갔는데, 예술 계통 대학에 들어간다던 무렵 소식이 끊겼다. 지금쯤 결혼하여 자식도 여럿 둔 40대 초반의 중년 여인이 되어 있을 것이다.

'적어도 한두 번쯤은 한국에 드나들었을 텐데…….'

하지만 20년도 넘게 아무런 연락이 없다. 몹시 서운하다. 제일 먼저 나를 만나러 온다고 했는데……. 혹시 불행한 일을 당했거나, 아니면 교통사고라도 나서 이 세상을 떠났는지도 모른다는 방정맞은 생각이 들기도 했다. 그건 내가 오랜 동안 그 애를 그리워했기 때문일 것이다.

나는 인정이를 아꼈다. 그것은 그 애가 편지로 자기감정을 솔직하고 분명하게 드러냈을 뿐만 아니라 소설에까지 자기의 상을 조각해 낸 문학소녀였기 때문이다. 특히 그 애에게 마음이 쓰였던 것은 미국으로 떠나기 전 한 학기 동안 놀면서 집안일을 도맡아 하는 것이몹시 안쓰러워서였다. 그처럼 걱정해 주는 것을 알고 인정이는 내게 기대면서 수없이 편지를 보내왔다. 다른 아이들은 고등학교에 다니는데, 집에서 한 학기를 빈둥거리는 지루함과 허탈감, 그리고 미지의 세계에 대한 두려움 때문이었거나, 아니면 편지 쓰기를 너무 좋아하여서였을 것이다. 연인에게 마음을 고백하듯이 말이다. 그 무렵은 그런 시절이었다.

'인정이를 담임한 때는 1981년이었으니…….'

그 시절의 아픔과 절망을 기억에서 지워 버리고 싶어 하면서도 차츰 역사와 민중에 눈을 떠가던 그 시절을 떠올리면서 어쩌다 인정이의 편지가 눈에 띄면 한없이 읽고 싶어지는 것은 왜일까? 단순히 그 애가 순수한 탓일까, 아니면 그 애에 대한 그리움과 아쉬움 때문일까?

인정이는 편지의 서두에 언제나 '선생님께!' 라고 꼭 느낌표를 찍었다. 그 애의 첫 편지는 1981년 스승의 날에 맞춰 내게 보낸 것이다.

선생님께!

선생님, 5월의 푸르름과 싱그러움 속에 꿈 많은 저희들은 쉬지 않고 커져만 갑니다.

3학년 처음, 선생님들의 엄포에 마음이 얼어붙어 녹을 줄 모르다가 어느 새 5월을 맞았습니다. 이제 곧 아까시 꽃이 피기 시작하겠지요. 저는 아까시 꽃이 좋습니다. 수업 시간에 풍기는 그윽한 향기는 제 콧등을 간지럽히며 수업의 지루함을 잊게 해 줍니다. 이젠 더 많은 아이들과도 친해질 수 있을 것입니다.

그리고 제가 느끼는 선생님은 아마도 이 세상에서 가장 큰 거인이신 것 같습니다. 우리 꿈 많은 소녀들의 속삭임을 모두 들어주실 수 있는 큰 귀, 우리가 어디를 가든 뒤쫓으실 수 있는 긴 다리, 그리고 우리 모든 아이들을 감싸주시는 넓은 팔을 지녔을 뿐만 아니라, 깊고 깊은 가슴속 이야기를 가지신 선생님이시기 때문이죠.

우리 반 아이들은 선생님을 '아버지'라고 부릅니다. 다정하고 자상하시기 때문이기도 하지만, 가난하고 외로운 아이들을 생각해 주셔서 더욱 친근감을 느끼나 봅니다.

5월은 이른 여름일까요, 늦은 봄일까요? 하여튼 시작입니다. 선생님의 첫 인상도, 아이들과의 첫 만남도 모두 깊이, 깊이 간직해 두고 싶습니다.

1981년 5월 7일 제자 인정 올림.

우리 반 아이들이 나를 자상하고 다정한 아버지라고 불렀다지만, 그때 내 나이는 삼십대 중반이었으니, 아직 팔팔하고 성깔 있는 젊은 국어 선생이었다. 특히 '가난하면 공부도 못하고, 도와주어야 그 공도 모른다.' 고 일부 선생들이 뒤에서 아이들과 학부모를 비웃던 시절에 나는 공납금을 내지 못하는 아이들을 어떤 수를 써서라도 졸업을 시키려던 집념이 있었다. 그것은 가난으로 내가 받은 깊은 상처 탓이기도 했지만, 가난한 이유가 개인에게만 있지 않다는 것을 눈 떠 가고 있었기 때문이었다.

더구나 당시 나는 할아버지의 핏줄 탓인지 문학에 대한 열정이 불같았다. 악령 같은 까마귀와 뱀과 돼지, 그리고 무당과 미친년과 수녀 같은 우리들의 연인이면서 동시에 마녀 같은 존재들과 격렬한 전투를 벌이고 있었다. 서툰 마술사나 미친 노름꾼처럼 말이다. 그러니 아직 어리고 순수한 인정이가 나의 내적인 고민을 짐작했을 것인가.

다정다감한 인정이는 편지도 정감 있게 썼지만 소설도 곧잘 썼다. 도서관에 보관된 학급문집에서 그 애 자화상과 소설을 찾아 다시 읽어 보다가 문득 짚이는 것이 있었다.

'아, 맞다! 그 애 얼굴이 인상적이었던 것은 토끼 이빨과 진한 눈썹, 그리고 유난히 하얀 살결 때문이었나 보구나.'

자화상 옆에 붙인 사진 속에서 단발머리 그 애가 노란 티셔츠를 입고 느티나무 밑에서 웃고 있었다. 그런데 그 이빨이 토끼 앞 이빨이었고, 유난히 눈이 맑고 순하게 보인 것은 눈썹이 진했기 때문이었던 모양이다. 더구나 아주 하얀 살결이었으니…….

갑자기 인정이가 다시 그리워졌다.

'나도 가슴이 저린데…… 미국에서 그 애는 얼마나 고국과 친구들이 보고 싶었을까?'

지금도 그리워할 것이라는 생각을 하면서 그 애의 자화상을 읽어 보니, 분홍 우산을 들고 빗속을 혼자 걸어가면서 늘어놓는 독백이었다. 할 이야기가 무척 많은데 상대가 없어 외로워하는 감상적인 문학소녀의 마음을 수필로 진솔하게 고백한 것이었다.

그 애 소설은 제목이 〈여름이 담긴 운동화〉로 내가 지도하여 문학상에도 응모한 듯한 기억이 흐릿하게 떠올랐다. 줄거리는, 형의 병원에 입원한 희라는 여자 친구와 사귀는 이야기인데, 그 희로부터 갖고 싶었던 하얀 테니스화를 선물로 받고서 밤하늘에서 그녀의 별을 제일 좋아한다고 사랑을 고백하는 내용이었다.

그 당시 황순원의 〈소나기〉가 3학년 국어책에 나왔으니까, 그런 소년 소녀의 애틋한 사랑을 흉내 낸 듯했다. 하지만 나는 인정이가 쓴 소설 제목을 곰곰 생각하다가 흠칫 놀랐다. 〈소나기〉에서 소녀의 대추와 소년의 호두알이 성적 상징이듯이 하얀 운동화도 비슷한 암시인 것을 약혼식 때의 반지를 연상하면서 그 애의 예민한 문학적인 감수성을 생각하고 소스라쳤던 것이다.

감수성이 풍부한 만큼 외로움은 깊다. 특히 소녀라면. 인정이는 졸업하고 친구들과 헤어지자 외로움을 달래 주는 이야기 상대를 나로 선택한 것이다. 지금이야 가수나 탤런트, 인터넷 친구 등 얼마든지 가짜 연인을 찾을 수 있지만 당시엔 젊은 선생들이 그 대역을 감당하고 있었다. 더구나 시를 쓰는 국어 선생인 담임이 관심을 기울여 주니 얼마나 흐뭇했을 것인지 짐작이 간다.

'선생님에게 편지를 쓰려면 이상하게 비가 와요. 저는 비를 무척 좋아하거든요.'

그 애는 자화상이나 소설만이 아니라 편지 속에서도 비 이야기를 많이 했다. 그만큼 갈증이 심했나 보다. 그리고 편지 말미에 사랑 표시인 하트♥를 그려 보냈다.

선생님께!

참, 이상해요. 선생님에게 편지를 쓰려면 이상하게 비가 와요. 참 시원하게 내립니다. 커다란 나무들은 바람에 잔가지를 흔들거리며 쏴, 솨 소리를 냅니다. 지금 빈집에 홀로 앉아서 감미롭고 청승맞은 음악을 들으면서 이렇게 선생님께 편지를 씁니다.

선생님!

이 편지가 벌써 8통째예요. 선생님의 답장을 받은 기쁨과 고마움을 모두 표현할 수가 없었어요. 그래서 편지를 쓰더라도 붙일 수가 없었습니다. 하지만 선생님의 기억 속에만 있던 모습과 제가 다르게 보여서 실망하실까 봐 두려웠습니다. 그래서 뵈러 갈 용기가 나지도 않았고요. 결국 전 그대로 있게 되었지요.

요즈음 생각할 시간이 참 많아졌어요. 언젠가 문득 생각난 고향이 지금껏 자꾸 떠오릅니다. 끝없이 펼쳐진 코스모스 길, 커다란 팽나무, 마을 앞산에 성당, 옆집 은영이, 뒷집 용범이……. 참 우스워요. 지금 내 모습도 먼 훗날엔 추억이 되어서 제 기억 속에 떠오르겠지요? 힘찬 빗줄기가 꼭 누군가의 눈물 같이 느껴집니다.

선생님, 제 소원이 어떤 건지 아세요? 이담에 꽃집을 하면서 작은 딸 하나와 같이 사는 거예요. 그 아이에게는 '썬 샤인' 에 나오는 아이처럼 아무런 구속도 않겠어요. 어떤 구속도……. 마음껏, 한껏 자유롭게 키우겠어요.

그 아이가 5살이 되면 여행을 떠나지요. 하얀 털 스웨터를 입혀서 같이 다니는 거예요. 그러면서 아이는 슬픔을 배우고 인생을 배우겠죠? 그런 건 싫어요, 절대로. 순수하고 고귀하며, 깨끗한, 그리고 사랑스러운 아이로 키우고 싶어요. 아기의 보드라운 뺨을 가진 아이로…….

선생님, 여행을 해 보셨어요? 저는요, 선생님이 정말 멋진 여행을 해 보신 분이라면 좋겠어요. 그러면 저도 선생님처럼 멋진 여행을 할 거니까요.

선생님, 빗소리가 참 좋습니다. 이제 저는 아주 멋진 여행을 할 거예요. 만날 때의 기쁨보다는 헤어질 때의 눈물이 좋고, 헤어질 때의 눈물보다는 다시 만날 때의 기쁨이 좋습니다.

그럼 안녕히 계세요.

1982년 5월 19일

꽃을 좋아하는 아이♥ 올림.

내가 무슨 답장을 했는지는 기억에 남아 있지 않다. 다만 나는 인정이가 가여웠고, 그 마음 씀이 너무 아름다웠고, 낭만적인 문학소녀여서 아이들의 인형처럼 그냥 대리 연인이 되어 주었을 뿐이다. 그래서 다른 문학소녀들에게 한 것처럼,

'내게 편지를 보내면 저절로 글공부가 되지 않겠는가.'

하는 생각이었다. 그런데 인정이 편지는 사람의 마음을 정답게도 하지만 무척 아프게도 했다. 그것은 그 애 편지에서 묻어나는 진한 정감

아까시[1] 향기, 라일락[2] 향기는 그리움의 향기이다. 봄이 되면, 비가 내리면 그 꽃향기를 전해 주고 싶은 그리운 이들이 있다. 목석같은 나도 섬초롱꽃[3]처럼 고운 편지를 쓰고 싶은…….

때문이 아니었을까? 그래서 유난히 그 애에게 마음이 쏠린 것 같았다.

어쨌건 인정이는 끝없이 편지를 보내왔다. 봄비가 오는 날이면 더 유난했다. 미국에 가기 전 6개월의 무료한 시간들, 어머니의 좋지 않은 건강 때문에 다른 형제들은 모두 학교에 다니는데 혼자서 집안일을 도맡아 하는 힘겨움 속에서, 피아노와 영어를 배우면서, 괴테의 〈젊은 베르테르의 슬픔〉을 읽으면서 내가 자기 고민을 해결해 줄 좋은 친구나 나아가 소크라테스 같은 선생이기를 끝없이 바라면서.

4월 말에 라일락꽃이 피면서 인정이는 미국에 간다는 것이 꿈만 같고, 마치 꿈속에서 파랑색 종이비행기를 타는 게 아닌가 할 정도라면서 희망에 부풀어 감정의 기복이 심해지기 시작했다. 그리고,

> 지금 눈을 감으면 검은 테 안경의 선생님 모습이 보입니다. 무관심한, 그리고 냉정한 그런 분이라는 느낌을 주는, 그러면서도 시인 같은 첫 인상을 주시는 분이세요. 선생님도 제 모습이 떠오르시나요. 떠오르신다면 어떤 모양으로 떠오르나요?

면서, 내가 자기를 어떻게 생각하는지 궁금해 했다. 그래도 인정이는 아직 동화 속에 사는 소녀였다. 왜냐하면, '이제 창에 커튼을 내리고 자리에 누워 꿈에 선생님을 뵈러 가겠습니다. 가는 길에 동화 속에 올 아저씨를 만날는지도 모르겠네요. 밤새 아이들에게 꿈을 주고, 별을 청소하느라 바쁜 아저씨 말예요.' 하는 글을 보면 그렇지 않은가. 아직 아이와 여자의 중간쯤에 자리 잡고 환상 세계를 넘나들었다고나 할까?

하지만 미국으로 떠날 때가 다가오자 인정이는 모든 것이 아쉬운 듯 마음속에 이것저것 많이 담고 싶어 했다. 학교 교정의 하얗고 자주 빛 나는 라일락 꽃, 옹달샘, 다람쥐와 도토리와 알밤, 꽃사과, 그리고 얼어붙은 폭포와 아늑한 설경을 못내 아쉬워했다.

그 무렵 나는 20여 그루도 넘는 겨울 미루나무를 보면서 〈겨울나무〉란 시를 썼었다. 인정이처럼 순수인지, 아니면 현실 도피인지, 아니면 무슨 해탈이라도 하고 싶었던지 불교의 선禪에 많이 기울어졌던가 보다.

겨울나무

귀찮은 잎이 다 진 / 겨울에 / 나무는 개운하다 //
아침마다 / 정갈한 하늘로 이마를 빛내면 //
작은 새가 앉았다 가고……, 바람을 좋아하는 소녀들이 가까이 오고……, 기대어 오고 //
구름이 놀다간 겨울밤에 / 나무는 선에 들었다 //
새가 잠들었고, 별이 지혜롭고, 어둠이 좋다 //
큰 눈이 내린다 //
무거운 어깨의 눈을 털고 / 이제 좀 떠나 볼까

내게 바람을 좋아하는 소녀로 비친 인정이는 떠날 날이 가까워지자 흥분했는지 선생님 다음에 느낌표도 찍지 않고 편지를 보냈다.

선생님

우리 동네가 참 다정스러워 보였습니다. 옹기종기 벽 한 개를 사이로 해서 이웃을 맺는 사람들 곳곳에 빨간 장미가 참 신기했습니다. 우리 집이 있는 골목에는 나무들이 참 많습니다. 계절 따라 라일락 향기, 아까시 향기, 찔레꽃 향기, 이름 모를 꽃들에 현기증을 느끼게 하는 수만 가지 향기가 풍겨 옵니다. 갑자기 우리 마을이 더 다정해 보이는 것은 이제 이 동네를 더 많이 볼 수가 없기 때문인가 봅니다…….

그리고 인정이는 바람이 불 적마다 잎사귀 사이사이에 하늘을 숨기기도 하고 내놓기도 하고, 햇빛에 반짝이기도 하는 가로수 잎을 아쉬워했고, 또 장안교의 가로등을 아쉬워했다. 아름다운 곳을 더 많이 보고 싶어 했고, 밝은 달을 슬퍼하며 달빛이 보지 못하게 숨고 싶었단다. 그러면서 목이 멘 듯 슬픔으로 편지를 마무리했다.

이제는 선생님께 자주 편지하지 못할 것 같습니다. 선생님께 더 많이 이야기를 모두 하고 싶습니다. 하지만 말할 수가 없습니다. 어디서부터 어떻게 이야기를 해야 할지 모르기 때문입니다. 이제 펜을 놓겠습니다.

선생님, 앞으로도 계속 인정이는 선생님께 무척, 많이 말하고 싶어 했고, 마음 가까이 있고 싶어 했던 아이라고 기억해 주세요. 그리고 또 많이 알고 싶어 했던 아이라는 것도요.

인정이는 6월 6일에 마지막 편지를 보내면서 추신에 '6월 11일 4시 반 비행기를 타기로 했다' 고 적었다. 무척 외롭거나 고민이 많거나, 굉장히 선생님이 뵙고 싶을 때 편지를 쓰겠다면서 미국으로 떠났다. 꿈의 나라 미국으로.

인정이. 비에 씻긴 숲처럼 해맑던 얼굴이 떠오른다. 자신의 꿈대로, 뽀얀 얼굴을 반짝이는 딸아이를 한없이 자유롭게 키우며 어디선가 꽃집을 열고 있을까? 목석같은 나도 비가 오면 그 아이의 편지를 또 받고 싶고, 답장을 쓰고 싶어지는 것은 깊이 감추어 둔 그리움 때문일 것이다.

모교에 딸과 함께 온 영은이

영은이는 30대 중반의 두 아이 엄마가 되어 일생을 거의 땅 속에서 지내다가 꽃 필 때나 지상에 나타난다는 유령란幽靈蘭처럼 갑자기 나타났다. 대부분의 제자들이 그렇듯이 영은이는 중학교를 졸업하고 통 소식이 없더니 몇 년 전 오월 스승의 날 무렵에 갑자기 편지를 보내왔던 것이다. 만난 지 스무 해가 넘었지만 편지를 받고 나는 영은이의 얼굴을 바로 기억해 냈다.

소녀 시절에 영은이는 애어른이었다. 늘 얼굴에 웃음이 떠나지 않으면서 '다 안다'는 표정을 짓던 아이다. 시쳇말로 어른이 세 명은 들어앉아 있는 그런 능구렁이 같은 애였다. 하지만 징그러운 능구렁이처럼 의뭉하거나 또는 표독스러운 여우처럼 영악한 것은 아니었고, 눈치가 빠르면서 사려도 깊고 정다웠다. 꽃이 솜이 되는 목화 꽃이랄까, 뿌리가 약이 되는 둥글레 꽃이랄까? 아니면…… 노란 감국?

'아이가 어떻게 어른 같은 표정을 지을 수 있을까?'

지금껏 아무리 생각해도 모를 일이다. 그처럼 속이 깊어 애어른이었던 영은이가 두서너 번 편지를 보내오더니 고집을 부리기 시작했다. 내가 답장을 보내자 계속 편지를 보내면서 일대일로 편지를 주고받자는 것이다. 그것도 직접 육필로 써서 컴퓨터보다는 종이에 쓰는 편지가 인간적이고, 자가용도 운전하지 않고 핸드폰도 없이 사는 내게 배운 철학이라는 것이 그 이유였다. 나도 동감이었다. 그러나 글씨를 쓰는 일과 우체국에 가는 것이 귀찮았다.

"영은아, 그냥 이메일로 하자구나."

"…… 좀 섭섭하지만 그래요, 그럼."

영은이는 너그럽고, 생각이 깊은 아이였는데, 편지를 주고받다 보니 대학에서 경영학을 전공하고 직장을 다니다가 지금은 공부방을 운영하면서 살고 있다 했다. 생활력 강한 주부였다. 더구나 남편이 장손이라 명절이면 온갖 친척들이 다 모여들어 음식 치다꺼리를 해야 하니 좀 힘든 주부였다.

영은이는 좀 극성스럽다 싶을 정도로 정이 많았다. 남자들과 달리 여자들은 물건도 서로 주고받고, 특히 먹을 것, 가령 초코파이나 비스킷, 고구마, 삶은 달걀 등을 가지고 와서 나누어 먹는 것을 자주 보았지만 영은이는 유난했다.

잔정이 많은 영은이는 자주 선물을 보내왔다. 텃밭에서 야생화를 돌보느라고 늘 거칠거칠한 내 손에 바르라고 크림이랑, 친정어머니가 손수 빚었다는 녹차도 가져오고, 내가 쓴 책을 보내면 어김없이 부담

1	2
3	

목화1, 둥굴레2, 감국3

스럽게 상품권도 보내왔다.

그런 영은이가 어느 가을날 토요일에 전화로 내 빈 시간을 확인하고 맏딸 수진이와 아들 형진이를 데리고 나타났다. 20년 만에 보는 얼굴이라 반갑기도 했지만 나는 좀 당황했다. 처음 그런 경험을 했기 때문일 것이다.

'왜 아이들을 데리고 나타났을까?'

하지만 다섯 살배기 딸 수진이를 보니 붕어빵처럼 엄마를 꼭 빼다 박았다. 통통하고 귀여운, 좀 고집이 있어 보이지만 또랑또랑했다. 두 살 터울인 형진이는 낯을 좀 가리는 아이로 곧 울음이 터질 것 같은 어리광둥이였다.

마침 점심 식사 시간이라 나는 구내식당에 데리고 가서 함께 재미있는 식사를 즐겼다. 어색하기도 했지만 내가 좀 으스대고 있는 듯이 느껴졌다. 그것은 귀여운 꼬맹이들이 내 곁에 있는 뿌듯함 때문이었을 것이다. 특히 여선생들에게서,

"아이들을 데리고 모교에 나타나는 일은 흔치 않아요."
라는 말을 들은 뒤끝이었는지도 몰랐다.

형진이를 먹이느라고 영은이는 음식을 드는 둥 마는 둥 했다.

어설픈 식사를 마치고 자리를 옮겼다. 나는 우람한 신갈나무 주변에 떨어져 있는 도토리도 몇 개 고사리들 손에 쥐어 주고, 모과나무에서 익어 가는 모과랑 가지가 휘어질 정도로 탐스럽게 열린 꽃사과 열매를 보여 주고, 커다란 토란잎도 장난스럽게 건드려서 흔들어 보였다. 또 아래 텃밭에 데리고 가서 푸르스름한 빛을 담뿍 내는 취나물, 정말 새하얀 구절초 얼굴, 수줍은 각시같이 애처로운 쑥부쟁이, 향기 그윽한 배초향 흐드러진 가을 들꽃 밭을 구경시켰다.

"정말 고와요, 잔잔하면서. 고향에 온 것 같아요!"

덩달아 기분이 좋아진 나는 붉은 고추도 몇 개 따서 수진이와 형진이에게 쥐어 주고, 영은이가 아파트 화단에 들꽃을 기르고 싶다기에 한라구절초와 쑥부쟁이, 그리고 하늘매발톱도 떠서 비닐 화분에 담아 주었다. 그리고 이파리가 노랗게 물들어 가는 칠엽수 아래 나뒹굴어

영은이가 아이들을 데려왔다. 어색하기도 했지만
차츰 나는 어떤 행복감, 그리고 흐뭇한 감정이
가슴에 차오르는 것을 물씬 느꼈다.

져 있는 열매를 주워서 수진이와 형진이에게 손에 쥐어 주었다. 아이들은 칠엽수 열매처럼 눈이 똥그래지면서 무슨 보물인 양 두 손에 받아 호주머니에 집어넣었다. 할아버지가 손주들과 노는 기분이 들었다. 그런 아이들을 바로 근처 연못에 데리고 가 설명을 해 줬다.

“저게 비단잉어고, 저건 붉은머리거북인데, 미국에서 들어와 우리 생태계를 어지럽힌다지.”

영은이는 소풍을 온 듯 즐거워하는 아이들 사진을 찍었다. 물론 나도 함께 포즈를 잡아 주었다. 동그란 수진이 얼굴이 홍조를 띠었다. 얼굴 못지않게 똥그란 눈도 기쁨에 반짝였다. 엄마의 선생님을 본 흥분,

학교의 여러 선생님들, 왁자지껄 수다를 떠는 수많은 언니들, 신기한 열매들, 그리고 나무 우거진 숲과 연못의 물고기들……. 이런 모습들이 아직 취학 전이라서 놀이방에 다니는 수진이를 흥분시킨 듯했다.

수업에 들어갈 시간이 다 되어 상담실에 돌아와 서랍을 뒤져 사탕 몇 개를 형진이에게 주고, 수진이에겐 색연필 몇 자루를 선물로 주었다. 그리고 들꽃 보따리를 들고 교문 밖까지 나가 택시를 잡아 주었다.

"다음에는 그냥 와라. 아니면 한 가지만 가지고 오너라. 무슨 선물을 그리도 많이 챙기니?"

멀어지는 제자와 아이들에게 손을 흔들어 주고 건널목에서 담배에 불을 붙이면서 나는 영은이가 며느리 같이 느껴졌다. 아니 영은에게는 친정같은 모교니 내가 친정아버지가 아니겠는가. 그런 묘한 생각이 머리를 맴돌았다. 그러면서 영은이 덕에 새삼스럽게 다가온 행복감을 되새겨 보았다. 여자들의 잔정이, 나무나 돌처럼 너무 무심한 아니 무심하려고 애쓰는 나를 변화시켰던 모양이다.

영은이가 달여서 가져온 한약 같은 차를 마시면서, 또 내 책상 뒤에 늘 텅 비어 있는 달항아리에 영은이가 꽂아 놓은 국화 향기 속에서 그 애가 나에게 보냈던 편지들을 되살려 뒤적뒤적하며 이러저런 생각을 했다. 그리고 며칠 뒤에 영은이가 보낸 편지 글귀를 보면서 나는 깜짝 놀랐다. 영은이 아이들의 반응 때문이었다.

아이들이 선생님께서 주신 고추며 도토리, 칠엽수 열매를 어떻게 했는지 아세요? 형진이는 세면기에 넣고 세수 비누로 박박 닦아서 그

릇에 담아 놓았어요. 아직도 비누 향이 나네요. 수진이는 자기 보물 상자에 넣고 보여 주지도 않고요. 형준이가 '오이'라고 주장하는 고추는 그날 저녁상 생선 조림에 일조했어요.

영은이의 편지를 읽고 피식 웃고 난 뒤부터 두 아이, 특히 수진이는 내 제자가 되어 버렸다. 또 영은이도 다시 내 제자가 되었다. 그것은 그 애가 눈이 아프고 편두통, 불면증에 시달린다고 하여 요가를 권한 탓도 있지만, 내 책의 독자 겸 평론가 역할을 톡톡히 하고 있기 때문이다. 자기를 엉터리 평론가라면서, 책을 좋아하는 영은이는 솔직하고, 풍성하고, 예리하게 독후감을 써 보내서 내 평론가 겸 애독자, 그리고 제자가 다시 되어 버렸다. 20년 만에 딸과 함께. 둘 모두가 내 제자가 된 이유는 또 있다. 수진이는 내가 보내 준 들꽃학교 책의 표지 사진을 보자마자,

"엉? 선생님이잖아!"

하고 소리를 지르면서 만나는 사람마다, 그러니까 공부방에 오는 초등 · 중등 학생들, 마주치는 사람들에게 자랑을 한다는 것이다. 아직 어려서 글 내용이야 잘 모를 테지만, 들꽃 사진을 보면서 공부를 할 테니 영은이와 함께 역시 내 꼬마 제자가 된 것이 맞는 말 아니겠는가.

영은이와 새로운 관계를 가지면서 나는 내 기억의 낡은 창고에서 잠자고 있던 빛바랜 인상들을 많이 재생시켰다. 학창시절 나는 사려 깊고 정이 많은 소녀 영은이를 아낀 듯했다. 고지식하고 괴팍한 담임

이라 아침엔 조회, 저녁엔 종례를 하면서 극성맞게 잔소리를 하고 심하게 야단도 쳤을 테지만, 일주일에 국어는 5시간이니 거의 매일같이 수업 시간에 수많은 이야기를 했을 것이다. 더구나 영은이가 1987년에 중학교를 졸업했다면 그 무렵 나는 아주 맹렬하게 사회 참여를 하면서 친일파 등의 문인들과 비민주적인 학교 사회를 강하게 비판하던 때였으니 아마 강한 인상을 받았을 것임에 틀림없다. 소위 어릴 때의 각인刻印이 아니겠는가.

특히 1985년에 첫 시집 《궁뜰 외할머니네 이야기》를 출판했을 때, 특히 그중 '손이 큰 셋째 딸' 이야기를 영은이가 기억하는 것으로 보아 아마 그 시절에 영은이에게서 손 큰 여인의 넉넉한 모습을 발견하고 내가 푸근한 눈짓을 보냈을 것이다.

손이 큰 셋째 딸

벼락이 쳐도 한바탕 웃으면 그만이었더라지

외할머니 셋째 딸은 칼바람 막는 뒷산으로, 양지陽地에 쪼그리고 앉은 산앵도, 애기 민들레 딸린 것들에게 화창한 봄 햇살도 나누어 주고,

다홍 치마폭에 잡은 바람으로
원통한 상여꽃
산당화山棠花 꽃 멍울도 터트려 주는 서글서글한 눈이었더라지

날 저물 녘 귀신 나온다는 휘파람 불어도 눈 잘 감아 주고, 남 서룬 사연에 잘 울어도 주는

머리 골치 아픈 데 썩 좋은 묵은 종소리 같아서

영창에 소록소록 함박눈 비치는 겨울밤이라 포근했겠고만그려

혼자 만난 보름달 비단꿈 꿔도

아침이면 멋 부리는 복사꽃,

텃밭의 아욱이 달라면 주는 외할머니 셋째 딸은 지랄하는 살가지 막는 울타리 나무로,

나직이 부르면 해 가리는 잿빛 구름도 내려오고, 뭉게구름도 피어오르다가 놀러오고

심심한 멧새랑

먼 은하수랑 가까이 하는 보름달 환한 얼굴로

늦가을에 익어 있는 단감나무

까마귀밥 몇 개는

늘 마음으로 남겨 뒀고만

소담 있는 손이 커, 다정해서

> 그래도 동기간 살기殺氣 가신 것은 다숩게 쉬어 놓은 외할머니 셋째 딸 심덕心德이 좋아서였고만그려

지금도 국어 시간에 "손이 큰 여자가 최고야. 셋째 딸은 보지도 않고 데려갔단다."라고 이야기하면, 아이들이 자기들 손을 보며, '나는 어떨까?' 하고 궁금해 하면서도 아주 좋아하는데, 소녀 시절의 영은이도 다를 바 없었을 것이다. 그리고 예민한 사춘기 시절에 내가 영은이에게 보낸 그런 따뜻한 마음, 곧 '네가 셋째 딸이야, 영은아!' 라고 암시하는 듯한 눈치를 몰랐겠는가.

하지만 영은이와 편지를 서로 주고받으면서 내가 충격을 받은 것은 다른 이유가 있었다. 그것은 사람을 감동시켜서 오랫동안 사로잡으면서 그의 삶을 바로 살게 하는 것이 선생이란 사실을 새삼 느꼈기 때문이었다. 선생 일은 무서운 일이라는 생각이 들기도 하여 정신이 번쩍 차려지기도 했다.

'제대로 가르쳤을까?…… 너무 심하진 않았나?'

그러면서 공부방 선생인 영은이가 아이들을 데리고 옛 국어 선생을 찾는 이유를 발견하고 소름끼치도록 더 놀랐다. 맹모삼천지교孟母三遷之敎처럼 영은이가 수진이와 형진이에게 정다웠던 엄마의 학교와 옛날 선생을 보여 주면서 산교육을 시키는 것 같은 느낌이 들었던 것이다.

또 내가 '느낌학교' 라고 이름 붙인 대안학교 계획서를 보내자, 자기 아이들을 그런 학교에 다니게 하고 싶다면서, 수진이가,

"토끼를 기르는 학교도 있어요?"라면서 놀랐다니…….

나는 가끔 영은이 편지를 꺼내 읽어 본다. 특히 삼십대 중반이 넘어 20년 만에 영은이가 보낸 첫 편지를 나는 좋아한다. 내 컴퓨터 속에 저장된 그 편지를 가끔 읽어 보면 참다운 선생이 무엇인지 많은 생각을 할 수 있기 때문이다.

선생님께.

이렇게 선생님이라 부를 수 있게 해 주셔서 감사드립니다. 선생님! 87년에 졸업한 이영은입니다.

오늘 '모교 사랑'을 검색하다가 선생님이 아직 휘경여중에 계시다는 것이 반가웠고, 담임을 맡고 계시지 않다는 말씀에는 걱정이 앞섰습니다. 혹 건강이 좋지 않으신 것은 아닐는지…….

6~7년 전쯤 제가 학원에서 국어를 가르치고 있다는 내용으로 편지를 드린 적이 있었어요. 선생님은 답장을 주셨어요. 그때 얼마나 기뻤는지 아세요? 원고지에 1장 정도로 써 주셨는데, 직장에서는 항상 책상 유리 밑에 끼워 놓고 읽고, 또 읽었어요. 그만큼 선생님을 뵙시 뵙고 싶었습니다.

지금은 제게 딸린 식구가 많이 늘었어요. 신랑, 아들, 딸 이렇게요. 상황은 많이 변했는데, 마음은 아직도 그대로예요. 중학교 때랑요. 결혼하고 나서는 선생님 시집에 자주 등장했던 '손이 큰 셋째 딸'의 모습을 가끔 떠올려 보았어요. 아마도 그 셋째 딸은 인생의 멋과 지혜를 일찌감치 배운 사람이 아니었나 하는 생각을 하기도 했습니다.

방과 후 교무실에서 구성진 판소리 가락을 따라 둘둘 말은 종이로

장단 맞춰 책상을 두드리시던 모습, 좁은 교탁과 책상 사이를 지나실 때 제가 책상을 들어 자리를 넓혀 드렸더니 제 볼을 꼬집으며 장난스럽게 웃으시던 모습, 풍성하게 자란 잔디밭이나 정원수 사이에 부처처럼 정좌를 하고 앉아서 목단 꽃만큼이나 풍요롭게 웃으시던 모습, 수업 시간마다 펼쳐진 심오한 철학 강의— 그 유명한 똥 이야기, 문학 시리즈, 방귀의 아이러니 등등 참, 깊고도 재미있고 끝없는 인생 이야기들…….

'난 얼마나 책을 읽어야 선생님만큼 멋진 이야기를 할 수 있을까' 하는 생각에 넋이 빠지곤 했어요.

아, 그것도 있어요. 세상에서 가장 빨리 때린다는 선생님이시라며, 다— 다— 다— 다— 30센티 뿔자로 손바닥을 때리셨는데, 묘하게도 뒷맛은 재미난 표정을 지으셨어요. 아이들도, 선생님도요. 진정한 사랑을 알았기 때문에 아이들도 그런 체벌을 마음으로 받았겠지요.

전 지금까지도 아이들을 가르치고 있어요. 제가 사는 아파트 단지에서 공부방을 해요. 20명이 조금 못 되지만 제겐 많은 편이죠. 그래서 매일 바쁘게 보내요. 물론 보람도 커요. 처음에 저랑 만날 땐 참, 대책이 서지 않을 정도로 심각해서 와요. 하지만 선생님께서도 제게 그러셨듯이, 숨겨진 아이마다의 장점을 찾아 주고 칭찬과 격려로 키워 나가면 자신감을 찾고, 성적도 따라서 오르는 것 맞죠? 내 자식 돌보듯 가꾸고 다듬어 나가죠. 제 직업 매력 있죠, 선생님?

오늘은 여기까지만 쓰고, 다음번에 다시 소식 전하겠습니다.

선생님. 건강하시고, 연세 드시지도 마시고, 맛있는 음식과 즐거운 이야기들만 많이 드세요. 혹시나, 재미 난 이야기가 고프시면 제가 많이 챙겼다가 들려 드릴게요. 안녕히 계세요!

2003년 5월 23일

선생님을 세상에서 가장 존경하는 제자 이영은 올림.

셋째마당

미신들의 스펙트럼

인동 여전사
명희의 판소리

1980년대 초였던가. 그 애가 2학년 때였을 것이다. 민요를 구성지게 부르는 아이가 있었다. 명희였다. 명희는 맑고 풍부한 목소리로 민요를 멋드레지게 아주 잘 불렀다. 그런데 나를 졸졸 쫓아다니면서 시를 써 달라고 조르는 것이었다. 어느 유명한 작곡가에게 유행가 개인 지도를 받는데, 가사가 필요하다는 것이었다.

"너, 시 한번 써 오너라. 그러면 고쳐 줄게."

명희가 써 온 시는 잔소리가 많았지만 정감이 넘쳐 났고 그럴 듯했다. 예능에 재주가 있는 아이였다. 또 명희는 그 터져 나오는 웃음도 특이했지만, 한마디로 어린 여우였다. 여자아이들은 특히 꼬리가 아홉 개는 달린, 그러니까 머리 회전이 무지무지하게 빠른 여자를 불여우라 불렀다. 여학교에는 그런 아이들이 종종 눈에 띈다. 눈치는 엄청

나게 빠르고, 아양도 능숙하게 떨 뿐만 아니라 거짓말도 물마시듯 잘 하는 진짜 여자아이들. 하지만, '여우하고는 살아도 소하고는 못 산다.' 는 속담처럼 그런 아이들이 붙임성이 있어서 정답고 재미있는 법이다. 가끔 골머리가 아플 정도로 귀찮게 해서 사람을 혼란스럽게 만드는 것이 문제지만.

명희가 3학년 때, 음악 선생과 나는 판소리를 연구하는 배 선생의 충고를 받아 명희에게 국립 국악 고등학교로 진학할 것을 적극 설득했다. 시쳇말로 '딴따라' 가 되지 말고 본격적인 예술가, 곧 판소리 명창이 되어 보라고 길을 잡아 주었던 것이다.

"조용필이나 인순이를 봐라. 그런 유명한 가수들도 판소리를 공부한다지 않던?"

공부도 곧잘 하는 명희는 고민하는 표정이 역력했지만, 그 말이 솔깃했던지 권하는 학교에 진학했다. 다행히도 아버지가 은행 지점장이라 집안이 넉넉해서 개인 레슨에도 적극 협조적인 듯했다. 아마 명창 박동진에게 지도를 받았을 것이다.

판소리를 택한 명희는 대학 진학도 순조로워 서울대학교 국악과에 합격했다. 잘 풀린 것이다. 하지만 대학 때 교지에 쓴 그 애 글을 보니 힘들고 어려운 명창의 길을 외롭게 걷고 있었다.

선생님의 권유로 여름방학 때 산山 공부를 들어가기로 하고, 폭포 옆에서 한 달간 연습하다 보면 무엇인가 이루어질 것이라는 막연한 기대감에 여름방학이 오길 손꼽아 기다렸다. 여름을 유난히 좋아했기에 별 걱정은 없었다.

하지만 공작산의 여름은 유난히도 사람의 숨을 탁탁 막히게 하였다. 강원도 홍천에 위치한 공작산, 전기가 들어오지 않는 깊은 산골이라 밤에는 부엉이 같은 날짐승의 울음소리가 무섭기까지 했다.

새벽 6시에 기상해서 시냇물에 얼굴을 씻고 바위에 앉아 안개가 자욱이 깔린 숲 속의 아침을 소리로 열었다. 처음에는 금방 잠자리에서 일어나서인지 소리가 턱까지 올라와도 나오지 않았지만, 차츰차츰 낮게 하다 보면 어느 새 나의 소리는 산 전체가 쩌렁쩌렁 울리듯이 온 산을 맴도는 듯했다.

그 애는 달뜨는 보름밤에 개울물에 자기 모습을 비춰 가면서 자기 운명을 한탄했다고 고백했다. 세상에 버려진 듯한 인생, 외로움과 서글픔, 막막함과 기대감의 소용돌이 속에서……. 그래도 그런 산 공부로 국악 성악대회에서 1등을 했단다.

명희는 끝없이 밀려오는 절망을 버티면서 대학을 졸업한 뒤에 우리 주변 학교에서 음악을 가르치고, 더러 홀에서 피아노도 쳤다. 그렇게 생활 속에 파묻히면서 차츰 방황하는 듯했다. 술도 자주 마시면서 이상과 현실 사이에서 갈등하고 있었다. 하지만 지나쳤다. 나는 이제 학교에 나타나지 말라고 했다. 그 애 삶이 점점 피폐해 감을 느꼈던 것이다.

'하늘의 소리라는 득음得音이 어디 쉬운 일이겠는가?'

그렇게 사라져 간 명희는 한 10여 년이 넘도록 소식을 뚝 끊었다. 아마 생활의 흐름 속에 휩쓸려 갔을 것이다. 그런데 어느 가을날 전산실의 김 선생이 상담실에 와서 명희의 소식을 전했다.

"선생님, 명희 아시죠? 그 애 딸이 홈 페이지에 편지를 띄웠어요."

"명희요! 뭐라고?"

"자기 엄마의 첫사랑을 찾는다고요."

자초지종을 알아보니, 명희는 딸을 시켜 나를 찾고 있었던 것이다. 그러니까, 내가 지금껏 학교에 머무르고 있는지, 아니면 어떤 학교로 전근을 갔는지 알고 싶었던 것이다. 나는 '첫사랑'이란 말에서 그 애 푼수기와 넉살스러움을 동시에 느끼고 피식 웃고 말았다.

며칠 뒤 전화가 왔다. 아주 반가웠다. 광주에 사는데, 거기서 옷 장사를 하고 있다는 것이었다. 사장이라면서 언제 한 번 찾아뵙겠다고.

'판소리를 공부하던 아이가 옷 장사라고?'

어이가 없었지만, 사연이 깊고 복잡한 아이라 파란만장한 삶을 살고 있을 것이라는 예감대로 그처럼 새 출발을 한 모양이었다. 며칠 뒤에 편지와 함께 소포가 왔다. 명희는 예나 지금이나 정이 많은 아이였던 것이다. 뜯어보니 남성용 러닝셔츠와 팬티가 들어 있었다.

'2밀리마다 은사로 짜서 고가高價이긴 하지만 아토피에 좋아요. 꼭 입어 보셔요.'

'러닝셔츠나 팬티가 7만 원이라니…….'

아무 거나 대충 입고 사는 나는 무척 놀랐다. 명희는 소위 명품을 개발하고 있었던 것이다. 비닐 포장 속에 든 그 옷들을 잘 살펴보니 명희 말대로 하얀 은줄이 빛나고 있었다. 그리고 '은銀은 기존 천연섬유보다 항균력이 90배 이상 뛰어나, 임산부나 피부질환으로 고생하시는 분들에게 아주 좋습니다.' 라는 글귀가 인쇄되어 있었다.

무엇보다 놀란 것은 회사 이름이 인동忍冬 여전사女戰士라는 상호였다.

'여전사?'

아, 그렇구나. 고대에 아마존 정글에서 활을 쏠 때 거치적거리는 가슴을 한 쪽 잘라 낸 여자 전사가 있다는 전설이 전해 오는데, 거기서 여전사女戰士라는 회사 이름을 착안한 모양이었다. 과연 천하의 명희였다. 나는 기분 좋게 웃었다. 그 애가 판소리 명창이 못 된 게 좀 서운했지만, 그래도 기죽지 않고 팔팔하게 살아가는 게 대견스러웠다. 나는 답례로 내가 지은 《인물평전 쓰는 법》과 시집을 한 권 보내주었다. 자꾸만 명희의 딸이 마음에 더 쓰였던 것이다.

'하기야 나이 40을 넘어서 소리에 한이 맺혀야 명창 소리가 나온다지 않던가!'

하지만 명희는 40대 중년의 여사장이 되어 어느 겨울날 인사동으로 나를 만나러 왔다. 약속 장소인 서점에서 만났을 때 그 애는 예전처럼 내 팔에 매달리면서 입을 함빡 벌리고 웃었다. 꽤 예뻐졌다는 느낌이 들었다. 그런데 잘 보니 특전사 군인의 야전잠바를 입고 있었다. 예전처럼 맹랑하고 기상천외했다.

우리는 인사동 한식 카페에 들어가서 간단한 음식과 술을 시켰다. 그리고 잘 보니 귀걸이가 특이했다.

"명희야, 너 그 귀걸이 그건 뭐니?"

"예, 이거요? 여전사의 약자인 여女 자예요."

명희는 여전사女戰士를 뜻하는 '여女' 귀걸이를 양쪽에 달고 야전잠바를 입고 있었던 것이다. 정말 여전사처럼, 황무지 개척자처럼, 무한 경쟁의 신자유주의 시장에서 옷 장사 사장이 다 되었던 것이다.

금은화라고도 부르는 **인동**은 사철을 푸르게 난다. 겨울을 견디고 금과 은 같은 꽃을 피운다. 변화무쌍한 인생길을 건너는 이 땅의 여인들에게 선물로 주고 싶은 꽃이다.

"명창이 되는 데도 돈이 필요하더라구요. 그런데 빤스 한 개 팔아야 이백 원 삼백 원 남아요……."

명희와 내가 이차로 옛날 냄새가 물씬 풍기는 술집으로 자리를 옮겨서 맥주 한 잔을 걸칠 때, 명희가 담배를 피우면서 연기와 함께 한숨을 토해 내듯 내뱉은 말이었다. 그만큼 외롭고 힘겨운 삶을 살고 있었던 것이다.

명희는 그동안 살아온 이야기를 털어놓았다. 아버지는 암으로 돌아가시고, 딸이 하나 있는데 사당동 쪽에서 중학교를 다닌다고 했다. 자기를 닮아 도스토예프스키의 〈죄와 벌〉을 읽을 때 가슴이 저렸단다. 또 명희는 음악 교사 자리가 잡히지 않아 지금 경영하는 회사에 들어갔는데, 돌아가신 아버지가 고맙게도 집을 물려줘서 얼마 전에 회사를 인수했단다.

"전라남도 나주 보성, 강진 해남 벌판으로 빤스 팔러 다니다가 술 한 잔 얻어 마시면, 소리로 보답을 하지요. 그 지방 판소리 단체에 경제적인 지원도 가끔 하면서요……."

아버지는 자기 때문에 돈도 많이 날렸다면서 밖에 나와 내 팔을 끼는 명희가 몹시 측은했다. 그래도 씩씩하고 예전처럼 쾌활한 여전사 명희의 체온이 듬직하게 전해져서 마음이 놓였다. 또 금은화金銀花라고도 부르는 인동忍冬이 사철 푸른 떨기나무로 해열, 해독작용이 있는 약초라고 알려 주자 반짝 놀라면서도 흐뭇하게 웃던 명희의 얼굴이 예쁘게 보였다. 자기가 하얗고 노란 두 가지 꽃이 피는 인동이나 되는 듯. 하지만 중학교 선생이 어찌 속옷 시장의 험난한 속사정을 알 수 있으랴.

명희는 멀리 인파 속으로 사라져 갔다. 그리고 또 학교로 러닝셔츠와 팬티를 보내왔다. 그걸 그 애를 잘 아는 선생들에게 골고루 나누어 주었다. 동창회를 관리하는 여선생에게도 주면서 선전 좀 해 보라고 했다.

'피는 이어진다는데, 명희의 딸은 또 어떤 기구한 삶을 살 것인가…….'

나는 명희의 삶을 되새기면서 시를 한 편 썼다. 판소리꾼 인동 여전사에 주는 시였다. 하지만 그것은 명희만이 아니라 변화무쌍한 인생길을 걸어가는 제자들에게 주는 선물이기도 했다.

여전사 명희의 심청가

심청이 인당수로 죽으러 가는 대목이
기가 막히게 눈물겹던 명희
특전사 야전잠바를 걸치고 보성 강진으로 사람을 낚으러 다닌단다

계집녀女 자 귀걸이를 흔들며
여전사女戰士 귀걸이를 반짝이면서

호미로 땅을 파서 먹고 산다는 나주 보성, 갈구리로
갯벌 구멍에서 꼬막이며 낙지를 잡아 자식들 대학 보낸다는 강진 뻘 바람에 살을 그을리며

겨울 언 보리밭에서 막걸리를 한 잔 걸치면
장님들 눈 뜨는 대목으로
너도 나도 눈 좀 떠야겠다고 구슬픈 소리로 지친 사람들 몸을 풀어 준단다 아픈 다리를 펴 준단다

그런 밤이면 서방 같은
담배를 가방 속에서 꺼내 두세 개 피우면서

지리산 자락에서 피어오르는 골안개, 물소리 그 옛날 빨치산 총소리에 화들짝 놀라면서, 도스토예프스키의

〈죄와 벌〉을 읽다가 가슴이 저렸다는 딸이 아빠를 기다리듯, 가끔 지우개로 지우듯, 호롱불을 끄듯

그런 밤에 눈이 빛난단다 내복 한 벌에 2,3백 원 남는다는 여전사 명희는

인동忍冬 여사장은 빨치산처럼

특전사特戰士 야전野戰 잠바를 걸치고 나주 보성으로 속옷을 팔러 다닌단다 꿈틀대는 핏줄, 피 잘 흘러가라고,

해남 강진의 향그러운 겨울 동백꽃 꽃잎처럼 바람에 흘러 다닌단다

소녀의 가출과
수도자의 출가

언젠가 바람이 세차게 부는 날이었다. 미루나무 잎사귀도 불안하게 흔들리고, 백목련 큰 잎사귀들은 몸살을 앓듯이 신음 소리를 내지르는 초가을 오후인데 전화가 왔다. 졸업생이라며.

"선생님, 안녕하세요? 민주예요."

"민주, 김민주?"

정말 오랜만이었다. 반가웠다. 그 애는 회사를 다닌다고 했다. 지금은 벌써 서른이 훨씬 넘었을 것이다.

"민주야, 너 선생님한테 자장면 한 그릇 사야 한다."

"……."

그처럼 잠시 몇 마디 주고받고 그 애는 전화를 끊었다. 서로 아쉬웠다.

'자장면 한 그릇 사야 한다는 말에 가시가 박혀 있어서였을까?'

참, 민주는 오늘처럼 비를 예감하는 바람이 몹시 불어대다가 큰 물난리가 났던 그해 가을에 오랜 가출을 끝내고 집에 돌아왔고, 다시 학교에 나와 졸업을 했다. 그래서 바람이 불자 심난했던 옛 생각이 나서 불현듯 전화를 한 모양이었다. 나도 그때를 잘 기억한다.

민주가 가출한 것은 3학년 2학기 중간고사를 치른 가을이었을 것이다. 알아보니 엄마가 집을 나갔는데, 그건 남편의 술버릇 때문이었다. 아빠는 아이들까지 마구 팬다고 했다. 민주의 언니는 맞아도 참고 학교를 다니는데, 아직 어리고 학교에 별 재미를 못 붙여서인지 공부가 시원찮은 민주는 졸업이 그리 얼마 남지 않았는데, 집을 나가 버렸다.

"여보세요? 민주 담임인데요."

"예, 그런데요?"

대낮부터 술 취한 목소리가 분명했다. 막막했다. 나는 민주의 친한 친구를 불러 물어보았다. 민주 아빠는 거의 알코올 중독이라고 했다. 그리고 술만 마시면 아이들을 들볶고 때린다는 것이었다. 거기에 아이를 방치해 버리고 찾을 생각도 않는 것 같았다. 할아버지는 중풍으로 누워 계시고, 할머니가 집안일을 한다는데 거기에 엄마는 집을 나가 버렸다니…….

'부부는 살아 보지 않으면 잘 모른다지만…… 왜 그러는 것일까?'

하지만 무엇보다 급한 것은 아이를 찾는 것이라 잘 어울려 놀던 친구들에게 이것저것 캐물었다. 모른다고 할 뿐, 명확한 대답을 하지 않았다. 나는 초조해져서 민주가 학교 주변을 맴도는 낌새를 눈치 채고 반 아이들을 설득하면서 반 협박을 했다.

"졸업 사정회 전에 돌아오면, 다 용서한다. 그러나 사정회가 지나면 졸업을 못 하는 거야. 더 이상 사정할 수가 없지 않겠니?"

그 말이 민주 귀에 들어갈 것을 알고 소문을 냈던 것이다. 그런데 뜻밖에 그 애 삼촌이 학교를 찾아왔다. 수원에서 직장을 다니는데, 민주가 찾아왔단다. 그래서 다독거리면서 하룻밤 재워 주었는데, 은행카드를 훔쳐 달아났다는 것이다. 돈이 없어 막다른 골목에 몰린 민주가 궁여지책으로 택한 방법 같았다.

"비밀 번호를 몰라 다행이긴 합니다만……."

가출 사실과 학교 사정을 안 삼촌은 애타하면서 찾아보겠다며 돌아갔다. 하지만 한 달이 넘도록 민주는 돌아오지 않았다. 그런데 비가 억수같이 쏟아지고 물난리가 나자 돌아온 것이다. 어디 취직할 데도 마땅치 않고, 돈도 떨어져 굶주렸을 뿐만 아니라 폭우 때문에 잠잘 곳도 마땅치 않았던 모양이다. 무엇보다, 무서운 비가 집과 친구들을 그립게 한 것이 아니겠는가. 민주는 바짝 말라서 고생한 흔적이 역력했다. 몹시 불쌍했다.

"야, 이놈아! 그래도 집과 학교가 낫지 않아!"

"선생님, 죄송해요."

민주는 울음보를 터뜨리며 반성을 했고, 무사히 졸업을 했다.

'아마, 엄마가 그리워서 헤맨 것이 아니었을까?'

한창 엄마가 필요한 사춘기에 아빠까지 아이를 방치하고 술만 마시고 있었으니 정말 측은했다.

'아빠와 눈만 마주치면 그날은 되는 일이 없고 재수가 없다.' 라고

가출, '집이 나간다'는 뜻을 되새겨 보다가 일제 식민지 시대에 망국의 난민이 되어 북간도로, 하얼빈으로 떠돌다가 중앙아시아로 이주당한 유랑민들을 생각했다. 그들의 한숨과 눈물을.

쓴, 끔찍하기도 한 그 애의 가출 경위서를 읽어 보고 나는 몹시 괴로웠다. 아빠와 딸의 관계가 그리도 험악할 수가 있을까 싶어서였다. 더구나 가족이 모두 미국으로 이민을 간다고 하여 민주는 대사관에 가서 면접까지 보면서 설레기도 했으나 덜컥 겁이 나서 결국 집을 나갔던 모양이었다.

지금은 여학생들이 가출을 거의 하지 않는 편이다. 중학교는 의무교육이라 그런대로 학비 걱정이 덜한 편이고, 형편이 어려우면 급식비도 면제해 주고 있는 덕이다. 또 친구들과 함께 노래방에도 가고, 남녀공학도 하니 초등학교 동창인 남자 친구들과 어울릴 수 있는 이

유도 한몫할 것이다.

'여자들도 그만큼 개방적이고 자유롭게 되지 않았나!'

하지만 1980년대 후반기의 억압적이고 불안한 시대에 사춘기 아이들은 툭하면 가출을 했다. 여성에 대한 사회적 차별, 가난, 거기에 애정이 결핍되면 아이들은 참지 못하고 뛰쳐나갔던 것이다. 대개 가정에 문제가 있는 집안, 특히 결손가정 아이들이 문제를 더 일으키곤 했다. 무엇인지 더 결핍되었으니까, 어쩌면 그것은 자유를 위한 반항이었을 것이다.

내가 휘경에서 처음 경험한 가출 아이도 다방을 하는 엄마와 둘이 살고 있었다. 얼굴이 곱상한 아이였는데, 쉬는 시간만 되면 거울을 보고 머리를 빗더니 4월에 진달래 꽃망울이 터지고 개나리꽃이 노랗게 피자, 집을 나가 영영 돌아오지 않았다.

'그 후 어떻게 살고 있을까?'

나는 지금껏 그 애 소식을 듣지 못했다. 그러면서 사춘기 아이들이 봄에 바람이 잘 나는 이유가 가정적인 이유 말고도 봄꽃들이 흘리는 어떤 꽃 냄새 때문이 아닐까 하는 생각을 해 보았다. 나비와 벌을 유혹하는 진한 꽃 냄새가 민감한 사춘기 아이들을 자극해서 자기도 모르게, 특히 소위 끼가 많은 애들은 충동적인 바람이 나는 것이 아니겠는가 싶었다. 사실 꽃가루란 식물의 정자들이 아니겠는가.

"호스티스가 꿈이에요!"

철없는 사춘기 소녀들이 그런 말을 하는 시대였다. 아마 멋지게 차려 입고 남자들과 술도 마시고 담배도 피우는 모습에서 자유를 상상했던 것이리라. 하지만 예나 지금이나 한 번 발을 잘못 디디면 마음도 몸도 만신창이가 되어 떠도는 철새들이 얼마나 많은 세상인가.

내가 첫발을 디딘 시골 남학교에서도 그처럼 가출하여 영영 돌아오지 않은 아이가 있었다. 그 시절, 그러니까 1970년대 중반기에 농촌은 몹시 힘겨웠다. 너무 가난했고, 6·25 전쟁 후유증으로 전사자나 행방불명 등 결손가정도 흔했을 뿐더러 부역자와 재혼 등 꽤 복잡한 어른들의 문제로 아이들이 몹시 갈등했다. 그러나 꿈에 그리던 서울에서 소년들이 할 수 있는 일은 신문 배달이 고작이었고, 좀 덩치가 있고 힘깨나 쓰는 놈은 자전거로 쌀 배달을 하는 정도였다. 결국 고생만 죽도록 하다가 대개는 집에 돌아오고 말았다. 답답한 가정과 지겨운 학교를 떠나 서울에서 성공하고 싶다는 욕망 때문에 가출을 했던 것이다.

'그래도 참고 견디는 우리들의 집이란 정말 무엇일까?'

가출家出은 집이 나가는 것이고, 출가出家는 집을 떠나는 것이다. 집이 나간다는 것은 자식을 보살펴 주는 사람, 즉 사랑이 나갔다는 뜻이고, 집을 떠나는 것은 수도하여 자기를 구하려고, 혹은 뜻을 펴 세상을 구하려고 집을 떠난다는 뜻이 아니겠는가.

가출, '집이 나간다'는 뜻을 되새겨 보다가 일제 식민지 시대에 망국의 난민이 되어 북간도로, 하얼빈으로 떠돌던 유랑민들을 생각했다. 그처럼 떠돌다가 멀리 중앙아시아 우즈베키스탄이나 투르크메니스탄으로 강제로 이주당해 노예나 짐승처럼 살아간 사람들도 잘 알고 있다. 나라 망친 사람들이 떵떵거리고 살면서 웃을 때……. 그 사실은 그보다 전에 만 명이 넘는 백제인, 그보다 더 수가 많았을 고구려 유민들이 중국으로 끌려갔던 뼈저린 역사를 되새기게 했다. 그야말로 나라가 나갔던 것이다.

나는 가출한 아이들과 유랑민들을 생각하고 눈물겨워 하면서, 한편으로는 분개하면서 쓴 시들을 어떤 책에 발표한 일이 있다.

철길을 걸으면

밀린 월사금 또 못 냈다고 선생님에게 귀싸대기를 얻어맞고 쫓겨나면 그 애는 / 햇발로 달구어져 뜨거운 오뉴월 철길에 / 손자국 찍힌 뺨을 대고 / 독 오른 독사뱀 꼿꼿이 달려들듯 / 바람을 몰고 올 기차 바퀴 소리 / 가슴 찢어지는 소식을 기다렸지

지서 주임 앞 이빨 두 개를 분질러 놓고 / 마을을 끼고 사라져 가는 철길로 / 밤길에 그늘로만 고향 뜬 아버지 / 돌아온다는 기별이 전해 오는지 / 돌아오면 수갑 차고 감옥 간다고 나타나지 말라고 고함지르는지 / 뜨거운 철로에 뺨 부비고 가슴 지지며 / 눈물만 철길의 자갈에 철철 흘렸지

하얀 찔레 덤불 숨 막히는 꽃 속에 숨어 / 날선 칼을 만들려고 그 애는 / 대못을 철로에 눕혀 놓고서 기차가 지나갈 때까지 기다렸었지 / 대못 땜에 기차가 탈선할지도 모른다고 / 참새가슴 우리들은 겁을 주었지만 / 문둥이 애 먹는다는 밀밭길 지나 / 지서를 돌아 집으로 간 그 애는 / 탱자나무 가지 잘라 칼자루 하여 / 숫돌에 잘 갈아 칼날 벼

렸지

칼 던지고 담 넘는 법을 나는 배웠지 / 재수 없는 오월 난초 화투 끗발 나듯 산붓꽃 시퍼렇게 돋아났었지 / 금테 두른 / 네 아비는 독립군 잡은 친일파라고 / 지서 주임 힘센 아들 칼로 찌르고 / 어머니 몰래 철길 따라 사라진 날도 / 산딸기 빨간 덤불로 사라지는 뱀 / 허리 끊긴 뱀이 철로에 징그러웠고

미쳐 버린 그 애 어머니는 / 머리에 푸른 붓꽃을 꽂고 / 북만주 동학군 삼촌 찾아 간다 노래했었지

꽃 피는 찔레를 끌고 철길은 북으로 가고 / 멀리 신의주로, 봉천으로, 소비에트 / 하얼빈까지 / 그리로 이어져 있다는지 / 철길은 하염없이 북쪽으로 가는데 / 웬 벙어리 처녀가 붓꽃을 꺾어서 / 떠돌이 날품팔이 아니면 탄광의 막장살이 할 털보네 식구들 허탈한 웃음소리도 꺾어 / 수상한 자인지, 개가 짖는 나에게 / 시퍼런 그 애 눈빛 붓꽃을 준다

어느 불행한 소녀의 하소연

희숙이는 예쁜 소녀였다. 눈매도 정답고 코도 오뚝한 게 웃으면 그 어여쁨이 넘칠 뿐만 아니라, 가끔 붉고 가느다랗고 큼직한 입술로 수다를 떨어 시설스러움이 넘치는 열다섯 살 사춘기 아이였다. 전혀 어두운 구석이 없는 밝은 소녀였다. 오뉴월 앵두나무에 한없이 달린 빨갛고 귀여운 앵두, 아니면 몰래 그 앵두를 따 먹는 소녀처럼 말이다. 한마디로 앵초 꽃같이 어여쁜 소녀였다.

그런 희숙이가 무단결석을 했다. 전화 한 통도 없었다. 희숙이와 친한 친구를 불러 물어보아도 얼굴을 감싸고 울다가 교실을 뛰쳐나갔다고 했을 뿐 별로 아는 바가 없었다. 희숙이가 하루를 더 결석한 다음 날 나는 환경조사서를 훑어보고 약도를 눈여겨본 뒤 그 애 친구와 함께 가정을 방문했다. 희숙이는 집에 없었다.

"죄송합니다."

희숙이 고모는 전화도 못 드렸다면서 어쩔 줄 몰라 했다. 고향이 부산 어디라고 하면서 서울에서 공부를 시킬 셈으로 데리고 있는데, 남편과 불화가 심해 아이가 어디론가 나가서 학교도 못 보냈다고 했다.

몸서리치도록 가난한 시절이었다. 희숙이네는 단독주택의 단칸방을 얻어 살고 있었다. 초등학교 남동생, 그리고 다 큰 사춘기 여자 아이와 함께 부부가 단칸 셋방에서 살면 서로에게 불편함이 이만저만이 아닐 것이다. 그러니 남편이 아이를 고향으로 보내라고 채근하지 않았겠는가. 하지만 나는 뭔가 석연치 않은 느낌을 받았다. 희숙이 고모가 분명하게 털어 놓지 않으면서 뭔가 우물쭈물하는 것 같았던 것이다. 하지만 별 방도가 없었다.

"내일은 학교에 보내겠습니다."

그런 약속을 받고 가정방문을 마칠 수밖에 없었다. 그 당시엔 청량리를 지나서 서울 변두리인 중랑천 근처 면목동, 이문동에 단칸방 가정이 수두룩했을 뿐만 아니라 남편과의 가정불화가 있다는데, 담임인 내가 어떻게 한다는 말인가.

다행히 희숙이는 다음 날부터 학교에 다시 나왔다. 그런데 반 아이들이 괴로워했다. 희숙이가 툭 하면 울면서 교실 밖으로 뛰쳐나갔기 때문이었다. 자기를 시골로 보낼 것이라는 귀띔을 하면서 말이다. 그러니 자세한 내막을 모르는 반 친구들은 헤어지는 게 안타깝고 슬퍼서 어쩔 줄 몰라 하며 발만 동동 굴렀다.

나는 어느 날 방과 후에 느티나무 아래 벤치로 희숙이를 불러 달래면서 차근차근 캐물어 보았다. 굳게 입을 다물고 있던 희숙이는 마침

내 울면서 털어놓았다.

"함께 사는 사람이 고모가 아니라 엄마예요!"

"……!"

아, 그래서 애가 고민했던 것이다. 엄마를 고모라고 하면서, 또 그런 비밀을 지키면서 그것도 단칸방에서 숨죽이고 살아야 하는 사춘기 소녀의 고통을 누가 알았겠는가. 어릴 때는 잘 몰랐겠지만, 성에 눈을 뜬 사춘기 소녀가 남녀들 간에 벌어진 사랑과 자기 출생, 그리고 엄마에 대한 불만과 연민 사이에서 엄청난 고민을 하기 시작했던 것이다.

"어떻게 하면 좋을지 모르겠어요."

며칠 뒤 희숙이 엄마가 학교로 나를 찾아와서 사정을 털어놓기 시작했다. 아마 희숙이가 담임에게 고모가 아니라 엄마라고 실토한 사실을 알아낸 모양이었다.

"희숙이가 위험합니다. 대개 그런 갈등을 하면 가출을 하고 자칫 유흥가로 빠지는 경우도……."

좀 심한 말이었다. 하지만 희숙이는 그만큼 복잡한 상황이었다. 자세한 내막은 알 수 없었지만…….

'그러니 희숙이만이 아니라, 그 엄마의 고통은 얼마나 컸을 것인가!'

희숙이 엄마와 상담을 하면서 나도 괴로워졌다. 인간의 사랑, 그리고 이루어질 수 없는 사랑 때문에 고민한 사람들의 이야기는 얼마든지 주변에 널려 있고, 소설이나 영화의 흔한 소재인 것을 알고 있었고, 또 그것을 이해할 만한 나이도 되었기 때문이었다. 물론 희숙이의 친아버지에 대한 분노도 벌컥 터질 뻔했지만, 그 사람이라고 해서 고통과 자책감이 없었을 것인가. 나는 차마 그걸 물어볼 수도 없었다. 그런데 속사정은 잘 모르겠지만 아이를 부산 오빠 집으로 보낼 수도 없는 진퇴양난에 빠진 것 같았다.

“애가 있을 곳을 한 번 알아볼까요?”

희숙이 엄마는 눈물을 흘리면서 고개를 슬그머니 끄덕였다. 아직 30대 후반의 가엾은 여인으로 보여 빠져나갈 길을 제시해 본 것이었다.

희숙이 엄마를 보낸 후 나는 집사람이 다니는 종교단체에 그런 사정을 이야기했더니, 선뜻 데리고 있겠다고 했다. 몹시 반가웠다. 앓던 이가 빠지듯 한 시름 놓였다.

그렇게 희숙이는 얼마간 잘 지내는가 싶었는데, 그곳에서 좋지 않은 연락이 왔다. 손버릇이 나쁘다는 것이다. 단적으로 말하면 어떤 교도의 지갑에서 돈을 훔쳤단다. 난감했다. 아이를 맡긴 것도 미안했는데…….

나는 희숙이를 불러 타일렀다. 희숙이는 영리하고 눈치가 빠른 아이라서 내 앞에서 고개를 들지 못했다. 나는 사춘기 소녀들을 잘 알고 있었다. 한창 멋 내고 놀기 좋아하는 시절에 절제 있는 교당 생활에 적응이 쉽지 않았을 것이다. 더구나 엄마와 떨어져서 낯선 사람들 틈에서 아이가 부대꼈을 것이다. 그럴 때 도벽이 나오는 것은 어쩌면 자연스러울지도 모른다. 그렇게 자기 갈증을 해소했을 테다.

‘용돈이 필요했구나……. 한데 어두운 가정환경인데도 얼굴이 밝은 것은 철이 없어서인가, 아니면 성격 탓인가?’

집사람과 나는 생각 끝에 희숙이를 근처의 작은 교당으로 보내기로 했다. 본당은 너무 복잡하기도 하고 말썽을 부리는 희숙이를 돌보

ⓒ 배연형

기에 너무 힘이 달렸던 것이다. 하여튼 희숙이는 우이동 근처 작은 교당에서 비슷한 처지의 아이와 함께 그럭저럭 학교를 다니게 되었다. 좀 멀어서 안 되었지만…….

그런데 또 내 골치를 아프게 하는 이야기가 전해져 왔다. 희숙이가 다른 종교단체에 나간다는 것이었다. 나는 그 애를 교당에 보내면서 약속을 받아 둔 것이 있었다. 곧, 교당에서 생활하려면 절대 다른 종교단체에 다니면 안 된다는 것이었다. 희숙이는 고개를 끄덕이면서 약속을 했다.

"네가 아무리 어리지만, 그런 약속을 어기면 이 세상에서 살아갈 수 없는 거다."

희숙이는 나한테 한 대 얻어맞았다. 그것은, 앞으로 그런 배신을 하면 절대 이 세상에서 살 수 없다는 것을 마음속에 단단하게 새기게 하고 싶었기 때문이었다. 희숙이는 내 체벌을 수용하면서 잘못했다고 용서를 빌었다. 나는 어깨를 토닥거려 주었다. 아직 어렸으니까…….

그런데 교당에서 집사람을 통해 들려오는 이야기는 아주 기분 나쁜 소식이었다. 청소나 설거지를 시키면 희숙이는, "나는 편한 게 좋더라." 하면서 같이 생활하는 아이에게 미루고 벌렁 누워 있기를 좋아한다는 것이었다. 그리고 그 다른 종교단체에 몰래 가서 오빠들에게 그곳에 나올 수 없는 이유와 자기 신세를 하소연하여 남자 부모들이 희숙이를 아주 싫어한다는 사실도 들려왔다. 그것은 그 오빠들이 희숙이 때문에 몹시 괴로워하기 때문이었다. 한창 의협심과 동정심이 들끓는 청년기에, 더구나 예쁜 소녀가 불행에 빠진 것을 보았을 때 느낀 연민이 얼마나 컸을 것인가.

'그런 아들의 고민하는 모습을 어떤 부모들이 좋아하겠는가. 거기에 버림받은 아이라는 것을 어렴풋이 느꼈을 테니…….'

희숙이는 그런저런 좋지 않은 소식을 내 귀에 흘려보내면서 3학년을 마치고 졸업을 했다. 그 뒤 교당을 떠나 사당동 근처 어느 절에서 산다는 소식을 들었다. 나는 더 이상 그 애를 돌볼 여력이 없어 모른 체할 수밖에 없었다. 또 그 애가 나름대로 살아가는 방식을 터득한 것이라고 판단했던 것이다.

'고등학교나 졸업했을까?'

그처럼 근심했던 것은 희숙이 얼굴이 예쁠 뿐만 아니라, 성격이 독하고 모질지 못하고, 또 자기를 절제하는 의지가 약하기 때문이었다. 또 일하기 싫어하고, 편한 것을 좋아하면 어디로 가는지 뻔하다고 여기고 있었으니까.

"그런 애가 더 잘 살아요. 답답하고 고지식한 친구보다도 훨씬 시집도 잘 가고."

궁금하기도 하여 가끔 나는 집사람과 희숙이 이야기를 하면서 지금도 안쓰러운 그 애를 그리워하고 있다는 사실을 깨달았다. 그런데 반가운 소식이 전해져 왔다. 희숙이 친아버지가 딸을 데려갔다는 것이다. 얼마 동안 가정불화가 있겠지만, 좋은 계모를 만났다면 고향 근처에서 공부도 하고 결혼도 하여 지금쯤 딸을 여학교에 보낼 40대 중년 여인이 되었을 것이다.

'나를 만나러 올까?'

언젠가 가출하여 내 속을 무던히 썩인 민주는 전화라도 했는데, 희숙이는 전화 한 통 없다. 하지만 무소식이 희소식이라고 하지 않던가.

'어쨌건 그 애를 불행에 빠트린 아버지가 책임을 진 것은 정말 잘한 일이 아니겠는가.'

실은 그 애, 아니 그 애 아버지 때문에 주변에서 많은 사람들이 괴로워했으니, 참 잘됐다고 지금도 감사한다. 뿌린 대로 거두는 것이 세상의 이치니까.

지금도 희숙이를 회상하면 여자들의 운명이란 참으로 알쏭달쏭하다는 생각이 든다. 하지만 특이한 출생이어서 남다른 노력 끝에 비범해진 사람들이 있다. 저주받은 사생아, 차별받은 서자, 노예의 자식……. 또 어미의 배를 찢고 나온다는 살모사殺母蛇처럼 태어나면서 모친을 여읜 석가는 왕위까지 버리고 수행하여 부처가 되지 않았던가. 예수는 어떤가?

나는 30대에 외갓집 이모들 이야기를 7편의 산문시로 쓴 일이 있는데, 내가 여학교에서 만난 아이들 이야기와 섞어 쓴 셈이다. 그러니까 완전히 사실이 아니고 얼마간 허구가 뒤섞인 반쯤은 소설 같은 시였다. 그중 〈눈물 받아먹는 점〉은 예전에 첩 팔자라고나 할 그런 불행한 여인들에 대한 시이다.

눈물 받아먹는 점

왼쪽 입가에 검은 꿈망울 살별 박힌 꽃님이 부푸는 으스름달 솟으면 찰수록 밤마실 길어만지는 봉긋 살 오른 꽃님이는 가슴 쉬 나오라 얽은네 풋살구를 따 먹고,

깔, 깔, 깔,

감추는 것이 그리 많은 열네 살, 보름달이 너무 한다고 흘기는 고운 눈매는 손거울 보고 그믐달을 흉내 낸 것이로고만그려

꽃샘바람 본떠 여민 남치마 심술을 부린다고

개나리꽃을 물고 시치밀 떼는 열여섯 이빠지는 웃음이 간드라진 꽃님이는 섣달그믐 솔에 앉은 단정학丹頂鶴을 수놓다, 다소곳이, 한숨

잘 쉬더니, 들먹이더니

애기달이 숨은 강낭콩 샘이 났고만

애기달이 샘이 나 시월 상달 기미 낀 제 생일生日에 뉘 씬지 딸을 외갓집 사립문 안에 들여 두고 근심 낀 그믐날 밤

살구나무 가지 낭창거리는 그늘 타고 내뺀 것이로고만

눈물 받아먹는 점이 심술 부렸고만 그려. 제풀에 제 눈물 받아먹은 근심점이 트집 부려 오른 치마 여민 꽃님이는 너무 예뻐서, 쫓아도, 또 쫓아도 따라오는 제 그림자 끄을고

수양버들 간들간들 저녁나절에 첩妾이 된 게여

달 따라 머리 모양 흉내 내어 낀 살煞을 풀지만, 제 북단장 얼레로는 끊지 못하는, 새금파리 모래랑 아교 먹인 무명실에 묶인 잘 삐치는 연鳶이로고만

미친년,
자기만의 둥지

"하, 하, 하, 하, 하—"

그 애는 도덕 시간에 혼자 웃었다. 아무도 웃으면 안 되는 도덕 시간에 웃었다. 도덕 선생과 아이들이 몹시 당황했다.

"야, 복희가 왜 웃니?"

"…… 잘 모르겠어요."

얼굴이 벌게지도록 흥분한 도덕 선생이 복희 담임에게 그 사실을 알려 주자, 담임이 반장을 불러다 물어보는 말을 나는 얼핏 듣고 긴장했다. 김 선생은 알다가도 모르겠다는 듯이 손으로 턱을 받치고 고민했다.

"하, 하, 하, 하, 하—"

그런데 도덕 시간만이 아니라 다른 시간에도 가끔 갑자기 혼자 웃는단다. 게다가 자기 일기를 가져다가 아이들에게 보여 주고, 귀중품, 그러니까 여자아이들의 보물 창고에 감추어 둔 꽃무늬 머리핀이나 반지, 목걸이 등 귀한 물건을 아이들에게 나누어 준다는 것이었다.

무엇보다 골치가 아픈 것은 그 애가 수업 시간에 웃을 때마다 아이들은 점점 말을 하지 않고 괴로워한다는 점이었다.

"…… 이상해요."

간단히 말하면 돌았다는 것이고, 심하게 말하면 미쳤다는 것인데, 그 말을 하기가 몹시 괴롭지 않았겠는가. 왜냐하면 여자들은 누가 좀 이상한 행동을 하면, '별 미친년 다 보겠네.' 라고 흔히 욕을 하기 때문이었다. 또,

'내가 미쳤나 봐!'

라고 좀 엉뚱한 생각을 하거나, 자기도 모르게 큰 실수를 할 때에도 내뱉는 '미친년' 이란 말은 흔히 자기 스스로 반문하는 감탄사이기도 하지 않은가. 그렇게 아이들은 뒤에서 속닥거리면서도 담임 앞에서는 터놓고 말을 못 했던 것이다. 너무나 안쓰럽고 괴로워서.

하지만 무엇 때문에 아무도 웃으면 안 되는 도덕 시간에 웃고, 비밀이 가득 찬 일기를 보여 주고, 소중한 보물을 나누어 준단 말인가?

'웃는 까닭이 있을 것 아닐까?'

실은 담임인 김 선생도 실없이 잘 웃었다. 앞 이빨을 다 내놓고, '꺽, 꺽, 꺼억' 이라고 할 수밖에 없는 목에 걸리는 웃음을 소리 내지 않고 괴이하게 웃었다. 더구나 그 무렵 대통령과 비슷한 이름이라 술자리에서 친구들이 대통령 이름을 부를 때면 신경이 곤두선다면서 한없이 웃고, 또 웃어 댔던 것이다.

김 선생이 웃는 또 다른 이유도 있었다. 나도 잘 아는 유명한 역사학자 집안이 친일파의 후손인데, 지금 그 집안에 박사가 열 명이 넘는다면서 청와대가 부럽지 않다는 놀랄 만한 이야기를 하면서, 또 '꺽, 꺽, 꺼억' 괴이하게 웃었다.

'그러니 암울했던 1985년도에 3학년이었던 복희도 웃는 이유가 있을 법하지 않겠는가.'

고민을 하던 김 선생은 가정 방문을 했단다. 그랬더니 복희 부친이 술김에 화가 나서 공부 못한다고 머리를 몇 번 벽에 부딪힌 것 말고는 별일이 없었다는 것이다.

'딸아이의 머리를 벽에 부딪치다니…….'

나는 몹시 놀랐다. 전에 시골 학교에서 성질 급한 젊은 수학 선생이 '돌대가리' 라고 공부 못하는 남자아이들 머리통을 시멘트벽에 힘껏 부딪히는 모습을 자주 보았었다. 또 서로 박치기를 시키는 것까지 보았는데, 맞는 일도 때리는 일에도 서투른 나는 안 된다고 극구 말렸음은 물론이다.

'그렇다면 뇌 손상?…… 설마?'

복희 부친은 거친 일을 하는 사람인 듯했다. 힘겨운 삶에 지쳐서 폭음을 하고, 이어서 욕설과 손찌검이 뒤따르는 것은 그 당시엔 예삿일이었다. 살림살이가 옹색하면 자식이 공부라도 잘하여 좋은 상업학교에 가서 은행에 취직하고 시집을 잘 가기를 바라는 것이 당시 부모들의 소원이던 시절이기 때문이었다.

가엾게도 복희는 학교를 그만두었다. 나는 마음이 몹시 심란했다. 그 애를 그렇게 만든 것이 부모보다는 학교의 채찍질, 그리고 사회의 억압이라는 생각이 들었다.

'공부를 못해 얼마나 죄스럽고 불안했을 것인가?'

복희가 학교를 그만둔 뒤로 더 괴로웠던 것은 그 애가 사복 차림으로 학교에 나타나는 것이었다. 그래서 교무실에 들어오는 그 애를 교감이 불러서 '왜 왔느냐?' 고 물어보면,

"체육 선생을 하고 싶어요!"

한다는 것이었다. 아주 태연스럽게 말이다. 그래서 교감도 태연스럽게 말했단다.

"체육 선생을 하려면 대학을 나와서 교사 자격증을 따야 한단다."

그러면 그 애는 밖으로 나가 운동장 철봉대 부근에서 혼자 서성거리다가 학교를 떠난다는 것이었다. 아니면 무엇이 슬프고 못마땅한지 발로 무엇을 톡톡 차다가 고개를 푹 숙이고 돌아가는 것을 어떤 젊은 선생이 보았다고 내게 말했다.

그런 어느 여름 흐린 날엔 선생들이 퇴근한 어스름 무렵에 복희가 또 학교를 찾아와 교무실에 들어왔다. 나는 그 애를 불러서 무엇인가 먹을 것을 좀 주고 물어보았다. 사춘기 여자아이라서 혼자 나돌아 다니는 것이 몹시 불안했던 것이다.

"너 집엔 갈 줄 아니?"

복희는 시내버스 번호까지 대면서 집에 가는 방법을 쪼르르 설명했다. 그래서 집에서 좀 쉬면서 잠을 많이 자고 제때 약을 먹으면 내년에 다시 학교를 다닐 수 있을 거라고 타일렀더니, 하늘에서 무슨 명령이 내려온다고 했다.

"명령! 무슨……?"

어떤 기계 같은 것이 자꾸만 자기를 욕하면서 지시한다는 것이었다. 공부도 못하고, 엄마 말도 안 듣고, 게으르고…… 등등.

바로 환청이었다. 환시와 함께 환청은 정신 분열증의 증세인 것을 나는 알고 있었다. 하지만 젊은 시절엔 누구나 그런 비슷한 경험이 있는 법이다. 극도의 고립 속에서 '넌 천재야!' 하는 과대망상, 아니면 넌 '죄인이야.' 하는 죄의식, 그리고 끝없이 무엇에 집착하는 편집증은 바로 괴상망측하게도 보이는 예술가나 발명가들의 증세가 아닌가.

문제는 복희가 아직 어려서 자기를 응시하고 진단하여 마음을 바로잡을 줄 모른다는 점이었다. 하지만 좀 쉬면 쇠약 증세가 나을 것임에 틀림없다.

'누구나 가끔 좀 이상한 행동을 하지 않는가?'

사춘기 시절엔 신경전달물질의 부조화가 얼마간 있는 법이니까 말이다. 그런데 김 선생에게 들은 바로는, 그 애는 가끔 집을 나오는 모양이었다. 거친 행동은 보이지 않고, 형편이 넉넉한 것도 아니어서 집에서 약물 치료를 하고 있는데, 그처럼 집을 뛰쳐나와 방황하다가 신통하게도 저녁에는 집에 들어간다는 것이다.

어쨌건 그 뒤로 나는 복희의 소식을 모른다. 그 애를 회상하면 몹시 가여울 뿐이었다. 아마 복학하여 졸업도 하고 진학하여 가정을 꾸려 가고 있을 것이다. 실은 젊을 때 나도 좀 심한 우울증과 대인 기피증, 그리고 편집 증세를 극복한 일이 있어서 그 고통을 너무나 잘 알고 있다.

그런데 복희 일보다 더 골치 아픈 일이 벌어졌다.

1	2
3	

보랏빛 슬픈 **잔대 꽃**[1], 꿈꾸는 듯 연분홍빛 **술패랭이꽃**[2], 키가 작아 귀여우나 애틋한 **애기나리**[3]. 우리 아이들은 이처럼 애절하게 자라고 있지는 않은가.

"애가 저 때문에 이상해졌다고요?"

내가 들어가는 반의 아이가 나 때문에 병원에 입원했다고, 눈이 서슬 퍼른 엄마가 삼촌이랑 데리고 상담실에 찾아와서 삿대질을 하는 것이었다. 나는 언뜻 그 반 아이들 몇 명에게 숙제를 안 했다고 가볍게 군밤 준 일을 간신히 기억해 내고, 화를 버럭 내 버렸다.

"다른 애들은 멀쩡하잖아요?"

라면서 자초지종을 설명했다. 사정을 들은 삼촌과 엄마는 어쩔 수 없이 돌아갔고, 나도 담임에게 그 내막을 들었다. 병원에서 머리에 주먹질 당하는 그림을 그려서 학교에 찾아가 보라고 했다는 것이다.

나는 몹시 괴로웠다. 학년부장이라 아침에 복도를 순회하며 엄하고 무섭게 보인 나도 얼마간 가해자임에 틀림없을 테지만, 엄마의 드센 성격에 소심한 그 애가 얼마나 겁에 질렸을 것인가를 생각하면서 진저리를 쳤다. 아니, 그보다 억압을 강요하는 그 무렵 우리 사회의 폭력에 분개했다.

"인연을 생각하면 편해지잖아요? 전생에 이 선생이 그 애에게 몹쓸 짓을 하여 앙갚음 당한다고……."

불교의 전생을 믿지 않았지만, 학교장의 간곡한 배려와 권고를 받고 나는 담임과 함께 병원으로 그 애를 찾아갔었다. 지금도 기억난다. 병원 문을 열자 고등학생 사내애가 내게 꾸벅 인사를 하는 것이었다. 참하다고 여기고 뒤를 돌아보았더니, 자식이 문을 통과하는 사람마다 인사를 하는 것이 아닌가.

'죄의식인 거다.'

강한 꾸짖음과 자책감에 견디다 못 하고, 그렇게라도 피신하여 자기 생명을 보존한다는 생각이 번득 스쳐 갔다.

보이는 사람마다 인사만 하는 남자 애처럼 그 애도 무슨 죄인이나 된 듯 파란 옷을 입고 핼쑥하게 병실에 앉아 있었지만, 내가 무슨 말을 할 수 있었겠는가. 가엾은 야생화, 보랏빛 슬픈 잔대 꽃, 꿈꾸는 연한 분홍빛 술패랭이꽃, 아니면 키가 작아 귀여우나 애틋한 애기나리 같은 그 애 어깨를 토닥이고 안심시키면서,

"곧 학교에 다닐 수 있을 테니 무서워하지 마라."
라고 최대한 부드러운 표정과 따뜻한 말로 달래고 가져간 과일 음료수를 주고 곧 떠나고 말았다.

다행스러운 것은 그 애가 한 학기를 병원에서 쉬고 그 다음해에 복학하여 상급학교에 진학한 일이다. 그 애 부모도 더 이상 나를 추궁하지 않았다. 하지만 그 일이 내 기억에 생생하게 살아서 지금도 날이 궂으면 나를 가끔 괴롭히고 있다. 또한 아직 어린 여자아이들을 죄인이라고 몹시 다그치는 청교도적인 가정의 창백하고 겁에 질린 소녀들을 보면 더욱 측은한 느낌과 함께 분노까지 치밀어 올랐다.

복희와 그 애, 그리고 그들 가족들에게 미안하지만, 그래도 수업 시간에 어쩌다 저절로 나오는 고흐나 장승업, 또는 디오게네스나 경허 스님 같은 괴상망측한 사람들 이야기를 하면 아이들은 참 재미있어 한다.

"미치고 싶은 사람 손들어 봐?"

아이들은 손을 번쩍번쩍 들고 소란을 떠는 것은 예나 지금이나 마찬가지다. 또 괜히 웃고 좀 촐랑거리는 놈들에게 '미친놈'이라고 장난을 쳐도 낄낄거리면서 좋아하는 것은 아무리 생각해도 이상한 일이다. 아마 좀 미친 기가 보이거나, 아니면 미칠 것 같은 심정 때문이 아닐까?

"병원에선 이렇게 치료하는 거야. 쉽게 설명하면 잠을 재우는 약물 치료와 함께 회초리 요법을 쓰는데……."

나는 전기 치료를 무당의 푸닥거리와 견주어 예를 들어 주었다. 끝

1	2
3	4

미친 여자들을 보면 코브라를 닮은 **반하**[1], 그로테스크한 **천남성**[2], **뱀딸기**[3]나 **할미꽃**[4], 이 생각난다. 제 정신을 버리면서 광적인 행동을 할 만큼 이 세상은 너무도 폭압적이고 위선적이니까.

없이 삼지창을 들고 귀신을 쫓으면서 밤새껏 장구를 쳐 대니 환자는 마취 상태나 반수면 상태에 들고 말 것이다. 그러다가 갑자기 뒤에서 회초리로 환자의 등을 호되게 후려치면 얼마나 놀랄 것인가. 그러면 정신을 차리는 사람도 있을 텐데, 그게 바로 정신병원의 전기 충격 원리라고 말이다.

"이 회초리 보이지? 손바닥을 맞고 정신을 차리라는 거야. 이 정신 빠진 놈들아!"

그렇게 게으른 아이들 손바닥을 때리는 핑계로 삼았지만, 정신이 아픈 사람들, 특히 그런 여자들을 생각하면 가엾기도 하고 괴로운 일이다. 그러니까 코프라 뱀 얼굴처럼 괴이한 반하나 그로테스크한 천남성, 혹은 뱀딸기나 할미꽃을 연상하는 것은 괴이한 망상일까.

전에 근무했던 시골 학교에서 나는 그런 여자를 본 경험이 있다. 굽이가 아흔아홉 개라서 용이 못 올랐다는 바다처럼 드넓은 호수에 길 하나를 사이에 두고 자리 잡은 남학교에서였다. 그런데 바람이 불고 날이 끄므릇해지면, 겨울 외투를 입은 중년 여자가 나타나 교문 옆에 앉아 흘러간 노래를 부르는 것이었다. 지팡이로 땅을 치는 그 여자 곁을 웃으면서 지나치면,

"우리 새끼들 잘 가르쳐 줘요, 선생님!"

하고 말했다. 그러면 나는,

"그래요. 잘 가르칠 테니 염려 말아요."

라고 응수하면서 지나갔는데, 그날 밤이면 어김없이 비가 왔었다. 그리고 한창 젊은 피를 주체 못 하던 선생들은 폭음을 했다.

'왜 미친 것일까?'

유전이나 뇌의 질병 말고도, 뇌를 이상하게 만든 가정과 사회의 충격이 있지 않았겠는가. 남편이나 시어머니의 학대나 폭력, 아니면 갑자기 자식이라도 죽었다는 말인가. 그것도 아니라면 전쟁의 후유증,

불안과 공포, 분노와 갈등, 그리고 증오와 복수 등 여인들이 생명의 위협을 느낄 정도로 이데올로기 때문에 소용돌이 쳤던 한국전쟁이 사람들을 괴롭혔던가? 그러한 시절을 건너왔으니 감정이 복잡하고 섬세한 여인들이 받은 타격과 상처는 얼마나 컸을 것인가.

나는 그 여자를 회상하고 쓴 산문시를 간직하고 있다. 너무 가엾기 때문에 내내 잊지 못하고.

그 여자의 변명辨明

그 미친 여자가 지팡이로 길을 치면서 흘러간 노래를 부르던 저녁엔 바람이 불었지…… 비바람이 몰아쳤지

황토黃土 드러난 무덤가에 억새꽃이 마구 꺾어졌지

그런 밤이면 바람으로 헝클어진 머리를 감으면서 젊은 선생들은 포악한 바람의 치맛자락에 휘감겨서

비에 젖었지, 쓰러졌지

툭, 툭, 퍼런 땡감 떨어져 상처 난 밤에……, 술을
퍼 마시면서 성질 사나운 물귀신의 포로가 되었지

주막酒幕은 바람이 눈을 감는 곳이었을까

피 묻은 그 시절 흘러간 노래를 부르면서 그 미친 여자는 머리에 들꽃을 꽂고 한들한들 떠났지

하얀 나비 따라 서해 바다로 사라졌다던가

'그 이상한 여자는 자기 세계로 도망친 것이 아닐까?'

자기 둥지 속으로 말이다. 아니라면 적어도 상징적이지만 그 흰나비가 시키는 대로 사는 여신일 것이다. 그처럼 누구나 자기도취 속에 살듯이 술 취하면 우리들도 제 정신을 버리면서 광적인 행동을 많이 하고 있지만, 어쩌면 그것은 동경일지도 모른다. 왜냐하면 이 세상은 너무도 폭압적이고 위선적이니까.

'하지만 정신 분열이 극심해서 권총으로 자살했던 고흐는 천재로 취급하고 있지 않은가?'

또한 정신 분열증의 환시와 환각도 종교적인 체험과 밀접한 관련이 있을 것이다. 대마초를 피우면서 느끼는 환각과 환시와 크게 다를 바가 없다. 그리스의 엘레시우스 비밀 의식儀式은 얼마나 광적이었던가? 자기 몸까지 찢어발기는 카니발이었으니까.

그 소녀의 죽음은 우연일까

바람이 세차게 불고 비가 몹시 쏟아지던 이른 봄이었다. 수업 시간에 창문이 마구 덜컹거리고, 조금 덜 닫혔는지 뒷문이 갑자기 열리고 '쾅' 소리를 내면서 열렸다가 부딪쳤다. 머리칼이 쭈뼛쭈뼛 솟듯이 불안했다.

그런데 수업을 끝내고 교무실에 들어오니 나뭇가지가 부러져 고등학생 한 명이 죽었다는 것이다.

"어디서요?"

"미루나무 밑에서요."

그러니까 우리가 수업을 할 때, 뒷문이 심하게 열렸다 닫힌 그 무서운 소용돌이 바람에 나뭇가지가 부러져 귀가하던 아이를 덮쳤던 것이다.

"아니, 떼 지어 함께 지나갔을 텐데…… 다른 아이들은 무사하대요?"

"너덧 명이 근처에 있었는데…… 불행하게 그 애만……."

우연치고는 참 기이하지 않은가? 왜 하필 그 순간에 그 아이가 그 나무 밑을 지나가고 있었고, 그 소용돌이 바람에 그 나뭇가지가 부러졌을까. 가여운 일이었다.

다음날 그 애를 실은 영구차가 학교에 와서 그 나무 밑에서 노제路祭를 지냈다는 소문을 들었다. 아마, 그 나무, 그 바람을 원망하지 말고 무덤에 편히 가라는 뜻이다. 몹시 안쓰럽고 심난했다. 더 마음이 아팠던 것은 경찰과 교육청에서 조사를 한 뒤에 30년이나 묵은 그 미루나무들을 모두 베어 버린 일이다. 20여 그루는 족히 되지 않았을까?

'하기야 태풍에 미루나무 부러진다.'는 속담도 있는데, 바람 타기 쉬운 언덕길에 미루나무를 심은 것은 그리 현명한 일은 아니었다. 하지만 소를 잃고 난 뒤라도 외양간은 고쳐야 다음에 소도둑을 막지 않겠는가. 그래서 그 미루나무들을 과감하게 잘라 버렸을 것이다.

당시 그 나무들을 심고 손수 가꾼 이사장 할머니를 회상하면서 어느 선배 선생이 쓴 글이 있었다.

> 그 나무 하나하나가 베어질 때 가슴이 얼마나 아프고 서운하셨겠는가? 작은 나무도 아니고 30년이나 되는 세월을 두고 아끼고 가꾸어 온 나무들이기에 그 허무함은 헤아릴 수 없었을 것이다.

겨울에 나뭇잎이 다 떨어지고 까치 둥주리만 썰렁한 그 미루나무가 죽 늘어선 길은 참으로 정답고도 아름다웠다. 눈이라도 내리면 더욱 겨울 맛을 내던 나무였는데…….

그런 나무들을 잘라 내고 휑뎅그렁한 길을 지나치던 아이들은 어스름 저녁엔 무서웠는지 그 나무 주변에 귀신이 나온다는 소문도 들렸다. 너무 억울해서 그 언니가 학교를 떠나지 못한다는 헛소문이었다. 환상을 본 아이도 있었을 테니까.

그런데 그 부러진 나뭇가지가 벌레 먹은 가지였다는 이야기가 바람결에 내 귀에 들려왔다. 하지만 그보다 더 놀라운 사실을 나는 발견했다. 나중에, 그러니까 들꽃 밭에 주는 거름으로 쓰려고 베어 낸 미루나무 그루터기 속을 파냈을 때 나는 벌레들이 우글거리는 것을 발견하고 소스라치게 놀랐다.

'언젠가 그 부러진 나뭇가지를 갉아 먹던 그 벌레들의 후손들이 아니겠는가!'

하는 참으로 기가 막힌 생각을 했다. 그 애의 죽음은 우연일까, 아니면 사람의 운명에는 한 치의 오차도 없는 무엇이 존재하는 것일까? 그런 인과응보 때문일까…….

사람의 죽음이란 오래도록 마음에 남아 있는 법이다. 그러다가 어느 날 불현듯 떠올라 마음을 구슬프게 하거나 괴롭히고 만다. 그런 기억이 있다. 내가 초등학교 상급 학년이었을 때 죽마고우였던 내 친구 학수에 대한 추억.

학수네 집은 고등 공민학교였다. 6·25 뒤끝이라 피난민과 거지 소년들도 들끓었고, 학교를 중단한 중학생들도 많았다. 그런 청소년들을 가르치는 중소도시의 학교였는데, 그게 우리들의 놀이터였다. 우리들은 그 학교에 모여 놀기에 바빴다. 학수네 집이기도 한 학교에서 딱지도 치고, 구슬치기도 하고, 나무에 올라가 풍뎅이를 잡아 목을 비틀고 맴 돌리기 시합을 했다. 제법 터가 있고 사철나무랑 미루나무, 상수리나무도 우거졌기 때문이었다. 그런 어느 무더운 여름날 우리들은 물놀이를 떠났다. 한 시간은 족히 걸어 강으로 가서 옷을 훌렁훌렁 벗고 물속에 뛰어들었다. 하지만 서툰 개구리 수영 실력으로는 깊고 물살이 센 강을 건너기가 쉽지 않았고, 둑 주변에서 잠깐 강심 쪽으로 들어가다가 돌아올 뿐이었다.

"학수가 죽었다고?"

천만 뜻밖에 학수가 익사한 것이다. 원래 철교가 있는 부근은 강이 휘어지는 곳이라 물살이 세서 수영에 자신 있는 청년들이나 노는 곳이었는데, 어느 틈에 학수가 그곳에서 놀다가 물살에 휩쓸려 떠내려간 모양이었다. 우리들은 너무 놀라고 무서워서 입을 꼭 다물고 할 말을 잊었다.

"너, 절대로 함께 수영 갔다는 말을 하지 마라!"

어머니가 내 입을 틀어막았다. 헌데 그날 밤 왜 학수의 시신을 따라 공동묘지까지 가게 되었는지는 지금도 잘 모르겠다. 하여튼 책이랑 옷가지를 실은 리어카를 따라 우리들은 도시 근교의 공동묘지로 따라갔다.

그 밤의 기억이 지금도 생생하다. 달도 없는 컴컴한 무덤가에서 책과 옷가지를 불사르면서 우리들은 거의 말을 잃었다. 그런 침묵의 고별 행사 뒤에 누구의 제안인지 기억이 나진 않지만 우리들은 들꽃을 한 줌 꺾어 무덤 앞에 꽂아 놓았다. 아마 하얀 망초 꽃이었을 것이다.

나중에 고등학교 졸업식 날 학수의 무덤을 찾아가 보았으나 찾을 길이 없었다. 학교 주변의 공동묘지인 것은 확실했는데 다른 무덤과 구별할 수가 없었다.

'그만큼 세월이 흘렀는데…….'

더구나 밤에 학수의 시신을 묻어 그 무덤을 찾을 아무런 흔적도 없었다. 부모보다 먼저 죽은 자식이라 무슨 표지도 하지 않은 듯싶었다.

지금은 학수의 얼굴도 떠오르지 않을 정도로 까마득하게 오래 전 일이지만, 학수의 죽음에 대한 인상을 오래도록 잊을 수가 없었다. 가슴이 아프고 슬픈, 그리고 알 수 없는 불안감, 자책감 같은 어두운 그림자가 나를 줄곧 따라 다녔다.

그러나 좀 더 철이 든 중학교 때 동네 할머니의 죽은 얼굴은 똑똑하게 기억한다. 골목길에 난 자그마한 문을 손가락에 침을 묻혀 뚫고 몰래 엿보았다. 고개를 위로 향한 무서운 얼굴이었다. 한동안 그 골목길을 피했던 기억도 남아 있다. 밤에는 더욱 그랬다.

물론 장례의 형식을 처음부터 끝까지 경험한 것은 할아버지가 돌아가셨을 때였다. 술을 좋아하셨던 할아버지는 내가 중학교 3학년일 때 추석 다음날에 작은할아버지네 집에서 갑자기 뇌출혈로 쓰러지셨고, 상여 앞에서 할아버지 사진을 들고 광목 상복 차림에 건을 쓴 나는 선산까지 이십여 리를 걸어간 일을 영화나 소설의 장면처럼 지금도 또렷이 기억하고 있다. 판소리 심청가의 한 대목 같던 할머니의 긴 곡소리와 신세타령, '아버지'를 부르면서 울부짖으며 대문으로 달려 들어오던 결혼한 큰고모, 만경강으로 흘러가는 시내의 길고 긴 둑, 초

'죽음도 유행인가?' 라는 말이 생각날 만큼, 무수하게 죽어갔다. 제 몸을 산 제물로 바쳐 세상을 밝혔던 사람들. 문득 살아남은 사람들은 누구나 죄인이라는 어떤 사람의 말이 가슴을 친다. 훨훨 나비로 자유롭기를…….

가을 햇빛을 받아 타는 듯한 붉나무 잎새와 하얀 갈대 모가지, 산에 핀 보랏빛 도라지 꽃과 불그레한 싸리 꽃, 무덤에서 나온 황토, 아버지의 진한 통곡, 피가 배어 나온 관, 이것저것 태우던 불길…….

그런 할아버지에 대한 기억이 왜 그리 오래도록 남아 있는지는 사춘기 무렵에 확연하게 깨달았다. 그건 어머니가 가끔 흘린 말 때문이기도 했다.

"너는 할아버지 고집으로 태어난 거야!"

내가 태어날 때 아주 난산難産이었던 모양이었다. 시골이라 옆집의 동고 할머니가 나를 받으려 했다는데, 위험하여 시오 리도 넘는 읍내에 가서 의사를 모셔 왔다는 것이다. 의사는 세 차례나 나를 죽이고 산모를 살려야 한다고 간곡하게 할아버지를 설득했지만, 장손이라 안 된다고 할아버지는 완강하게 거부했단다. 그렇게 할아버지의 고집으로 나는 이 세상의 햇빛을 보게 된 셈이다.

뭐 별로 대단할 것도 없이 당시엔 흔한 일이었겠지만, 사춘기 때 나를 몹시 괴롭혀 번민하게 했다. 바로 생명의 우연성, 내 존재의 허무성이 나를 짓눌렀다.

'수백만 마리의 정자와 단 한 개 난자의 결합이란 신비함, 그만큼 우연적인 사건으로 인간이 태어나다니…….'

공업학교를 나와 공대를 진학하는 것이 순리였던 시대였는데, 더욱이 장남인데도 돈키호테처럼 나는 국문과에 들어가 인간의 허무성을 문학이란 영원성으로 극복하려고 했다. 그러다가 불교를 이해하면서 없을 무無 자가 내 평생 화두라는 것을 깨우치게 되었다.

그런 없을 무 자 화두에 골몰하면서 최근에 신화를 연구하다가 나는 '종교란 죽음을 극복하려는 일종의 테크닉이다.'라는 신화의 원리를 발견했을 뿐만 아니라, 참으로 놀랍고 기이한 두 사건을 곰곰 되새기게 되었다.

먼저, 하나는 어떤 두 친구의 이야기다. 어느 날 어떤 사람이 친구에게 사냥을 가자고 했는데, 산에서 엽총으로 짐승을 쏘다가 실수로 친구가 자기를 쏘고 말았다. 결국 친구의 손에 죽고 말았는데, 그 사건에는 '어떤 필연적인 인과 관계가 있지 않았을까?' 하는 생각이 문득 들었다. 나는 전생이나 사람이 다시 사람으로 태어난다는 윤회를 믿지는 않지만, 참으로 불교적인 사고방식으로 생각한다면, 그 부러진 미루나무 가지에 치어 죽은 소녀처럼 신비하고 이상한 일이 아니겠는가.

'부러진 미루나무 가지를 파먹은 벌레와 바람과 소녀의 어떤 불가항력적인 관계……?'

또 하나는 어떤 쥐 떼의 이야기다. 책에서 읽었는데,

'어떤 쥐 떼는 집단으로 먹이를 먹어 가다가 먹을 것이 없으면 집단으로 강에 뛰어들어 자살을 한다.'

고 하니, 참으로 불가사의한 쥐 떼가 아닌가. 이 동물들은 1980년대 말 우리나라에서 끝없이 이어지던 집단적인 자살을 나에게 상기시켰다.

'죽음도 저항이고, 또 유행이란 말인가?'

할 정도로 소련이 무너지고 연방이 해체되면서 동유럽도 변화해 가는 세계적인 격변기의 흐름을 탔는지, 그 무렵 우리나라도 민주화 운동으로 많은 사람들이 자살로 희생되던 시절이었다. 우리 울안 고등학교에서도 여학생 한 명이 그렇게 스스로 목숨을 끊었는데, 들려오는 말로 그 애는 친구들에게 늘 자살할 거라는 말을 흘렸다고 한다.

"썩을 년! 죽으려면 나가서 죽지 왜 학교에서……."

하지만 말이 씨가 된다고 마침내 그 여학생은 5층 체육관 난간에서 뛰어내렸다. 나는 그 아이 시체를 치운 뒤에도 불그레한 핏자국 흔적이 남아 있는 것을 가서 보았으니, 그 현장을 본 아이들은 얼마나 소름이 끼쳤을 것인가.

아니, 그건 강요된 자살이라고 해야 맞지 않을까? 그 무렵에 분신자살을 하던 어른들을 본받아 아이들이 한 해에 1백여 명씩,

'행복은 성적순이 아니잖아요?'

라는 유서를 남기고 떠나갔으니 말이다. 학교란 감옥에서 발버둥치며 반항하거나, 미치거나, 아니면 가출하지 못하면 죽음으로 저항을 하던, 슬프고 가슴 아픈 시절이었다. 그리고 예전에 호수에서 자살한 여자의 흰 고무신처럼, 영화에서 목매단 여자의 시신처럼 오래도록 잊히지 않고 날이 궂거나 밤이면 귀신이듯 쑥 나타나 가족들과 이웃들의 마음을 몹시 괴롭히는 법이다. 문득 살아남은 사람들은 누구나 죄인이라는 어떤 사람의 말이 가슴을 친다.

나의 첫 시집《궁뜰 외할머니네 이야기》속의 '희디신 웃음'은 애석하게 죽은 여자에 대한 시이다.

희디신 웃음

달 기우는 썰물 때 배서 바람이나 피워 준 애처로운 대추 꽃 지는 초저녁에 낳은 아이는 시원스럽지 못한 희디흰 이빨 신 웃음을 짓고,

햇살 부끄럽다고 골방에 숨은 여섯 살 깍지 낀 손이 안 풀린다고 질질 웃다가 눈 퍼런 물새에 끌려 시냇물 거슬러만 오르더니, 보랏빛 칡꽃을 한 움큼 쥐고 어스름 가을에 돌아왔다지요

먼 데서 자고 오는 딸이었고만

화창한 달밤이면 죽은 참새 새끼 모냥 모로 자다 아침 까치 흰 날

개에 묻혀 와, 우두커니 밤에 벗어 놓은 반지를 끼고,

흰 고무신 잘 닦아 놓은 밤마다 잘 생긴 귀신鬼神이 꽃가마 보내 꽃반지 끼워 주었는가 초롱초롱 초롱꽃 말라죽은 그 밤엔 소복素服하고 우는 흉내도 잘도 내었다니깐

순사巡査에겐 딸 안 주는 법이지 않던가

외할아버지 몰래 싸리버섯 솔솔 솟은 고랑다리 작은집에서 족두리 쓴 날, 초례상初禮床의 푸른 보자기에 싼 수탉이 지붕에 뛰어올라 홰를 쳤다는 첫날밤, 어느 귀신鬼神이 불을 질러 신방新房이 훨훨 불이 났다는 소문이었는데,

함열咸悅인가

지서支署 관사官舍에 달맞이꽃 휘파람인 듯 쉬— 쉬익 피는, 달 기우는 밤 달 같은 딸을 낳다가 갔는데 근동의 소쩍새가 토한 피를 달라고 보챘쌓고만

혼자 사는 여인들

지금도 잊히지 않는 애가 있다. 수업 시간에 아이들은 책을 보고 있는데, 이상하게 그 애는 나를 보고 있었다. 그런가 보다 하고 넘어갔는데, 또 그러는 것이었다. 눈이 초롱초롱한 천희라는 아이였는데, 예쁘고 총명했다. 나는 좀 곤란해지기 시작했다. 한마디로 신경이 자꾸만 쓰이기 때문이었다.

'시선을 끌려는 것일까?'

사춘기 여학생들은 선생의 시선을 끌려고 묘한 질문을 하거나, 아니면 짝과 장난까지 치면서 말썽을 부리는 아이들도 있다는 것을 나는 잘 알고 있었다.

'애정이 필요한 것이겠지.'

그래서 자연스럽게 선생은 그런 애한테 관심을 기울이기 마련이다. 아니 그처럼 특이한 행동을 보여 이쁨을 독차지하려는 속셈이 있는지도 몰랐다. 온통 땅을 점령하는 중국산 옥잠화처럼 말이다.

"쉬는 시간에 은정이는 머리만 빗어요."

잘 생긴 총각 선생, 그러니까 젊은 선생이 들어올 때가 되면 거울 앞에서 단장하고 머리를 빗는 것은 그 선생을 좋아한다는 뜻이다. 심지어 어떤 애는 수학 선생에게 너무 집착한 나머지 자기 고백을 기록한 일기장까지 준 애도 있다고 들었다. 그걸 보면서 문득 식성이나 취미, 또 재능이나 직업이 다르듯이,

'다들 자기에게 맞는 짝이 있는 게 아닐까?'

그런 생각이 머리를 스쳤다. 사춘기 때 아이들이 따르는 젊은 선생은 어쩌면 자기의 이상형일지도 모르기 때문이다.

그러던 어느 지루한 국어 시간에 본격적으로 사랑 이야기 쪽으로 가닥이 잡혔다. 무슨 소설 공부 시간이었을 것이다. 사랑 이야기는 여학생들이 무척 좋아하기도 하고, 첫사랑 이야기를 해 달라고 조르기 시작하면 어쩔 수가 없는 때가 많기도 해서였다.

"여러분의 짝은 지금 어디서 무엇을 하고 있을까?"

"공부해요, 놀아요…… 나를 생각하고 있어요!"

등등 별의별 대답을 다 한다. 무척 흥미롭다는 뜻이다.

"그 남자는 지금 몇 살쯤 되었을까? 대여섯 살 높은 나이가 여러분들에게 맞는다지, 아마."

내가 계산해 보라면 자기 짝이 대학생이니 김빠지기 마련이다. 이어서 지금 사귀는 남자 친구는 여러분의 시동생뻘쯤 된다고 하면, 아이들은 어이가 없이 웃으면서 혹은 눈을 희번덕거리면서 부정을 하고

싫어 하는 법이다. 그러면 안 되니까.

"여기 좀 봐! 나중에 말야. 여러분이 짝을 찾는 방법을 알려 줄까?"

"예, 알려 주세요?"

고함을 지르고, 이상하게 웃고, 몸을 비틀면서 야단법석을 떤다. 나는 라디오나 텔레비전의 주파수가 있듯이, 그러니까 그 사이클에 맞추어야 방송이 잡히듯이 자기에게 맞는 사이클이 있는 것 같다고 설명을 한 뒤에,

"길을 가다가 어떤 남자를 만났을 때, 자기와 그 남자의 눈빛이 마주쳐서 10초 정도 이상 떨어지지 않으면 그 남자가 자기의 짝이야. 그때 스파크가 생겨 불꽃이 팍팍 튀는 거야."
라고 과장을 하면서, 그 남자를 쫓아가서 잡아야 한다고 강조하면 이상하게 아이들은 장난을 치지 않고, 눈을 빛내면서 나를 주시한다. 아직 어리지만 여성에게 사랑이란 본능 같은 것 아니겠는가. 사랑이란 바로 잉태를 위한 생물학적 전초전前哨戰일 테니.

"그런데 말이야. 사랑을 하면 초콜릿이나 아이스크림처럼 달콤한 것만은 아니야. 가슴이 찢어질 듯이 아프단다. 슬프기도 하고…… 왜 그럴까?"

"……."

"나는 말야. 연애를 여러 번 해 봤는데, 지금도 가슴에 상처가 남아 있어. 내가 멋지게 생겼잖아?"

이처럼 자화자찬으로 장난을 쳐 언제나 나오기 마련인 아이들의 야유를 받으면서, "가슴 속에 상처를 꿰맨 흔적을 보여 줄까?" 하면,

백목련과 **함박꽃나무**. 목련은 화려하게 피지만 질 때는 추레하다. 인생처럼. 함박꽃나무는 같은 목련과이지만 소담하게 꽃 피었다 가만히 져 내린다.

한창 성과 사랑에 눈 뜨는 사춘기 여자아이들은 보여 달라고 아우성을 친다.

"지저분하게 지는 목련꽃을 보면 되잖아? 꽃이 필 때와 질 때는 얼마나 다르니? 사랑도, 아니 인생이란 그런 거야."

그렇게 넘기는 사랑 타령은 가끔 지루한 국어 시간을 때우는 재미가 있지만, 짚신도 짝이 있다는데, 내 주변에 짝 없이 혼자 사는 여자들이 꽤 있는 것을 보고 나는 참 의아하게 생각할 때가 많았다. 사소한 관심만 가져 줘도 예민한 여자들은 바짝 다가오는데 말이다.

"얘, 목란아! 너 그 이름 누가 지었니?"

"아빠요."

"난은 난초 난蘭이겠고…… 그럼 목 자는 무슨 목이니?"

"화목할 목穆이에요."

"화목한 난초라? 이름이 참 좋다. 아빠가 시인이로구나."

그렇게 이름만 칭찬해도 고등학교에 가서 3년 내내 편지를 보내오는 소녀가 있었다. 함박꽃나무의 새하얀 꽃처럼 얼굴도 예쁘고 무엇보다 살결이 유난히 흰 소녀였다. 지금쯤 40대 중년 여성이 되었을 것이다.

또 어느 날 수업 중에 갑자기 눈이 번쩍 뜨이면서 몸이 좀 앞으로 나오는 아이들도 있다. 장미라는 이름의 예쁜 아이였다. 그런 뒤에 그 애는 줄 편지를 보내왔다. 물론 다른 애들도 여럿 있었다. 편지만 보내고 얼굴을 끝내 드러내지 않은 '창'이라는 아이, 엽서에 줄곧 시를 적어 보내던 영주, 장난스럽게 만화를 그려 보내던 미술반 아이, 그리고 유난히 감정이 풍부한 문예반 소녀들 미정이, 인숙이, 옥희 등 헤아릴 수 없이 편지를 보내다가 다들 아침에 해가 뜨면 사라진다는 유령처럼 떠나 사라졌다.

'그때, 그 아이들은 무슨 느낌이 들었을까?'

물론 이루어질 수 없는 사제지간이라 얼마 뒤엔 자기 짝을 찾느라고 열중하는지, 아니면 찾았는지 대학에 가거나 사회에 나가 직업을 찾으면 편지를 끊기 마련이다. 그래도 그 애의 짝이 될 남자가 궁금해지기 않겠는가. 장래의 남편감 말이다.

"왜 결혼을 하지 않았니?"

문득 갑자기 나타난 제자가 결혼하지 않고 혼자 살고 있다는 느낌이 번쩍 든 것이다. 벌써 마흔다섯 살이 넘어가고 있다. 방송 계통에 근무하다가 지금은 그만두고 무슨 사진 관계 일을 하면서 부모와 함께 살고 있다고 했다. 그래도,

'결혼을 왜 못 했니?'

라는 말은 차마 입에서 떨어지지 않아서 물어보지 못했지만, 늘 궁금하게 여기고 있다. 어디가 아픈 것일까, 아니면 남자의 시선을 끌지 못하는 것일까, 그것도 아니라면 무슨 기가 막힌 사연이 있는 것일까? 어쨌건 괴상망측한 느낌이 드는 그 애를 생각하면 몹시 궁금하고 안쓰러운 느낌이 마음 한 구석에 웅크리고 남아 있다. 그만큼 결혼이란 관습적인 것 아니겠는가. 그리고 예로부터 부모 없는 고아, 자식 없는 늙은이, 남편 없는 과부를 가장 불쌍한 사람이라고 일컫는데, 늙어서 어떻게 하려고 그러는지…….

지금은 가끔 동창회에도 얼굴을 드러내어 내가 낸 책을 선물하기도 하면서 오래 전에 끊어졌던 사제 관계를 이어가고 있는데, 문득 그

애 독신 생활이 궁금해졌다. 이런저런 그 애 생각을 하면서 퇴근한 어느 겨울날, 집사람이 엉뚱한 질문을 했다. 나이 먹은 여자가 있는데 중신할 수 없겠느냐는 것이다.

"몇 살이나 먹었는데?"

"마흔세 살."

나는 피식 웃었다. 요가 도장에 다니면서 알게 되어 우리 집에까지 데려와 차 한 잔을 대접하고 보낸 모양이었다.

"왜 결혼을 안 했을까?"

어디 병원 물리치료 간호사인데, 어떻게 하다 보니 혼기를 놓치고, 나이가 들어 그냥 혼자 산다는 것이다. 물론 처음에는 자존심 때문에 마땅한 남자를 고르지 못했는데, 경제력도 있고 별로 불편하지 않아서 그럭저럭 혼자 살게 되었다는 것이다.

나는 그런 나이쯤의 독신들을 알고 있다. 어떤 영어 선생은 남성에게, 아니 한국 남성에게 환멸을 느꼈는지 여동생과 함께 살고 있고, 또 한두 번 선을 보았지만 동생의 교통사고를 겪은 뒤 삶에 회의를 느꼈는지 낙향하여 어머니 병 수발을 들면서 기간제 교사를 하는 한문 선생도 있고, 은행에 다니다가 언니네 집에서 한평생을 혼자 늙어 가는 대학 동창도 알고 있다. 또 글을 쓰면서 혼자 사는 국어 선생 제자도 만난다.

'왜 결혼하지 않는 것일까?'

아내는 결혼을 못 한 여자를 보면 측은한지 늘 나한테 중매 요청을 하곤 했다.

'자기 운명이라는 것이 있을까?'

정갈해서 손톱에 봉숭아 꽃물도 못 들이는 년이 돌배나무에 오줌을 싸 주것는가.
앵두 떨어지라고 시설스레 웃기도 해서 토라지고 청간스러운 것, 다소곳한 것,
내찬 것들 풀어내야 함박꽃 소담한 달꽃도 피지.

나는 사람들을 좋아하는 집사람을 통해서 속세와 절연하고 절에서 수도하면서 한평생 은거하는 여승도 알고 있고, 또 무슨 이유 때문인지 수녀가 되어 병원과 성당에서 자기를 헌신하면서 늙어 가는 수녀도 알고 있다. 그리고 무슨 인연 탓인지 아이 낳고 기르면서 남편 뒷바라지하는 평범한 결혼 생활을 뛰어넘어 세상 사람들을 구원하겠다는 원불교 정녀들도 많이 접해 보았다. 정갈하고 소박한 북한 여자들처럼 검은 치마에 흰 저고리를 입고. 그런 여자들은 마치 단호박이나, 아니면 무나 쑥갓 등 채소의 꽃 같은 여인들이 아닐까 하는 생각도 하게 된다.

그런 여인들 말고도 남자와 헤어져, 아니면 이런저런 사연으로 그림을 그리면서 자유롭게 혼자 사는 여인들도 내 주변에 여럿 살고 있다. 자유로운 나비들처럼, 새처럼 사는 그런 화가들을 생각하다가 나는,

'사람도 번식에 서투른, 아니 번식하지 못하는 석녀石女가 있는 것처럼 사랑에 서투른, 아니 사랑을 못 하는 여성이 있지 않을까?'

하는 생각이 들었다. 그 많은 목련꽃이나 개나리꽃들 중에서 극소수가 수정하는 것에 비한다면 참으로 다행이지만…….

'그런데도 왜 들꽃처럼 안쓰럽다는 생각이 들까?'

어느 날 가출한 소녀들이 잡혀 와서 야단을 맞는 것이 측은하다는 느낌이 들었는데, 문득 이른 봄인데 텃밭에서 너무나도 일찍 꽃이 핀 쇠별꽃을 보았다. 별꽃은 일 년에 봄과 가을 두 번이나 꽃을 피우는데, 그만큼 왕성한 번식력을 가진 것임에 틀림없다.

'소녀들이 가출하는 것은 빨리 짝을 찾으려는 행동이 아니겠는가! ……. 그런데 식물은 참으로 편한 방법으로 사는구나.'

하는 재미있는 생각이 들었다. 식물은 결혼하지 않고도 스스로 한 몸 안에 암꽃과 수꽃을 피워 대를 이어가고 있지 않은가. 물론 가급적 근친교배를 피하려고 벌과 나비들을 유혹해 다른 꽃의 꽃가루를 받기는 하지만.

그러면서 나는 조건이 맞지 않으면 꽃을 피우지도, 씨도 맺지 않는 가엾은 풀꽃들을 기억했다. 내가 천마산에서 캐다 심은 얼레지가 그러했다. 한두 해 잎이 나오더니 그 뒤로는 전연 잎이 나올 생각도 하지 않는다. 김종원 생물 선생에게 '죽었느냐' 고 물었더니,

"땅이 좋지 않으면 몇 년이건 그렇게 땅 속에서 휴면기에 들어가

기도 해요."

하는 것이었다. 그러고 생각해 보니 참, 우리 집 창 앞에 큰 목련 나무 밑에서 자라는 왕원추리도 해마다 꽃을 피우지 않고 있다. 햇빛이 부족한 것이다. 또 있다. 백봉산 골짜기에서 캐다 심은 처녀치마는 몇 년간 보랏빛 청초한 꽃을 피우더니 최근엔 꽃을 피우지 않고 있다. 햇살 좋고, 기름진 곳으로 옮겨 심어 달라는 신호가 아니겠는가. 그러니 결혼하지 못하거나 결혼을 피하는 여자들도 그 어떤 필연적인 이유가 있지 않겠는가.

무지개 빛깔 중에서 시 '돌계집'은 허구의 산물이지만, 이 꼭지의 여인들과 비슷하지 않을까?

돌계집

꿈을 대신 꾸어 줬고만

상사병相思病 걸린 총각이 달녀 환한 달꿈을 앗아가 혼삿말이 늘 깨지고, 늦게야 청상과부 외아들 아낙이 되었어도, 잔설殘雪 히끗히끗 솔밭에 까마귀 울고 물 담은 항아리 깨지는 꿈만 꾼 것은

창뜰 길가에 묻힌 총각이 가슴 속까지 붉어지는 감나무 밑에 누워 멧새랑 장끼랑 탐스런 달녀 함박꽃 꿈을 다 꾸어 버렸던 게여.

육십갑자六十甲子 풀어서 조카들 복福이랑 꽃님이 눈물도 넌지시

귀띔을 하고 형제간 생일도 곧잘 기억했다면서 제게 미친 총각을 골목골목 따돌리고 뒷문으로 들어왔던가

가랑잎 스산하면 복스런 항아리마다 물도 그득그득 담아 놓았다면서, 성명 석자나 알아 두고 좋게 한 번 웃어나 주지, 썩을 년, 한 맺힌 총각 죽여 남의 집 대를 끊어 놔

색동저고리 마다 한 딸이었고만

정갈해서 손톱에 봉숭아 꽃물도 못 들이는 년이 돌배나무에 오줌을 싸 주것는가 앵두 떨어지라고 시설스레 웃기도 해서 토라지고 청간스러운 것, 다소곳한 것, 내찬 것들 풀어내야

함박꽃 소담한 달꽃도 피지

첩妾 꼴도 못 보는 것이 끊어진 실이나 이어 놓는다고 무지개 내리는 꿈을 꾸는 게 아녀 죽은 총각이 달녀 달꿈을 야금야금 베어 먹어서 통 잠이 없고, 혼자 있기

좋아하는 귀신 쫓아 염불하는 중이 된 게지

하회 마을
김씨 여신과 혜정이

종로에서 만난 혜정이는 당당한 모습이었다. 몸이 약간 육중해졌는데, 소리 없이 웃는 얼굴이 잘 생긴 여왕을 연상시켰다. 문득 신라의 선덕여왕이 떠올라 나는 좀 당황했던 것이다.

'자비로운 선덕여왕…… 아니면 춘향이나 진주성 논개 사당의 초상?'

그만큼 내 악수를 받는 청년, 그러니까 결혼식 주례를 부탁하면서 함께 나온 젊은이도 체격은 크지만, 부드러운 면이 있었다. 다만 내 인상이 엄숙해서인지, 아니면 여자 친구의 옛 선생이라서인지 좀 머뭇거리고 삼가는 듯했다.

그렇게 인사를 마치고 우리는 북적대는 사람들 사이를 헤치면서 인사동 음식점으로 향했다.

"인사동은 의외로 음식 값이 비싸요."

"나는 아무 음식이나 잘 먹는다. 칼국수도 좋아하지."

그래도 혜정이는 큼직한 한식집에 들어가서 정식과 전통주를 시켰다. 식사를 하면서 이런저런 대화를 해 보니 신랑 될 사람은 광주 사람이고 대기업 컴퓨터 회사 연구원이었다. 그리고 혜정이는 소녀 가장이란다. 대학 국문과를 나와 학원에서 국어와 논술을 가르치면서 동생들 뒷바라지를 하고 있었던 것이다. 경북이 고향인 엄마는 가까운 강원도로 시집가서 여태껏 살고 있었다.

나는 혜정이의 당당한 체격을 근심하면서 지역 간의 조화를 강조했다. 은근히 맏며느리 혜정이의 내조를 핑계 삼아 말이다.

"서른 살?"

벌써 그리 나이가 찼던가. 참, 정순이는 작년에 시집을 갔고, 아연이도 준비 중인데 순정이만 대학원 준비를 한단다.

"선생님, 이 사람 밤에 일이 있대요."

답례를 핑계로 한잔 사겠다고 맥주 집에 데리고 가서 신랑을 좀 더 알아보고 친해지려고 했지만, 바쁜 일이 있단다. 그래서 한두 잔 마시고는 헤어졌다. 그리고 마다하는 택시를 잡아 주더니 호주머니에 몇 푼 차비까지 넣어 주는 혜정이의 넉넉한 마음 씀에 나는 가슴이 뿌듯했다.

원래 조그마한 혜정이는 곱고, 정다운 소녀였다. 늘 웃는 얼굴처럼 성품도 사근사근한 듯 느껴졌었다. 그런데, 학교에서 장 선생이 '당찬 아이'라는 것이었다. 나는 놀라 인사동에서 혜정이에게 들은 말이 불현듯 생각났다.

곱고 단아한 얼굴이었다. 또 늘 웃음기를 머금어 다정하게 보이는 얼굴은 예전 인상 그대로 하얀 **작약꽃** 같았다.

"대학 때 문학 서클 활동이 시시하더라고요. 중학교 때 저희가 경험한 문예반, 교지 편집, 무엇보다 답사 활동에 비하여……."

하지만 내 기억에 남아 있는 혜정이는 하회 마을 답사를 같이 간 정도였다. 그리고 졸업 후에 한두 번 만나 인터넷에서 시를 교류한다는 말을 얼핏 들은 일이 있지만, 미지처럼 수없이 편지를 보내오면서 나에게 고민을 하소연하는 소녀는 아니었다. 그런데 혜정이가 국문과를 갔고, 또 내게 주례를 부탁한 게 이상해서 옛날 교지를 뒤적거려 보았다.

'아, 그렇구나. 다들 문학을 버린 모양인데, 지금껏 시를 쓴다니……'

더듬어 보니 혜정이가 1학년 때가 1987년이다. 그때부터 혜정이는 정신이, 순정이, 아연이와 함께 교지편집 수습 위원이 되어 공주, 부여의 백제 문화권 답사에서 신동엽 시비 탐방을 했고, 2학년 때는 안동, 하회 등 경북 북부 문화권 답사에서 이육사 시비 탐방을 갔었다. 이어서 3학년 때는 미술반 생물반 등과 연합 수련 활동으로 강진, 해남 등 남도 1번지 문화권 답사에서 다산 정약용, 김삿갓과 윤선도 문인 탐방을 했다.

그처럼 중학교 문예반에서 이것저것 야무지게 배운 셈인데, 거기에 혜정이는 이미 1학년 때 교내 문학상 시부 가작을 했다. 일찍 재능을 보인 것이다.

청보리밭

파도의 갈기가 날리듯 / 너울대는 청보리
총총히 별이 박힌 듯 / 너무도 파릇한 / 청보리밭
안개 너울 걷어다 씌운 듯이 / 이슬 많이 맺힌 곳
버들강아지 아름 꺾어 / 닐리리 삐— / 닐리리 삐—
청보리밭 가운데 / 나는야 보리 천사

시를 다시 읽어 보니 정다운 혜정이의 얼굴에서 묻어나는 살구꽃처럼 정다운 웃음이나, 그 애 체취에서 풍기는 진달래꽃 내음처럼 서정성이 흠뻑 묻어났다.

얼마 뒤 한남동 야외 결혼식장에서 근 15년 만에 정신이, 순정이,

아연이를 만났다.

"선생님!"

하고 순정이는 매달리듯 하면서 앞니를 내놓고 예전처럼 장난스럽게 웃었다. 또, 뜻밖에 아들을 데리고 나타난 위미경 선생과 우리는 함께 사진도 찍었다. 그 애들을 데리고 남도 1번지 답사를 다녀왔던 신임 여선생이어서 정이 든 모양이었다.

결혼식 드레스를 입은 혜정이는 눈부시게 아름다웠다.

"이모!"

하고 시골에서 상경한 이모를 부르면서 웃는 그 애 맑은 목소리도 아주 고왔다. 말이 좀 빠른 것이 옥에 티랄까.

햇빛 속에서 반짝이는 미래를 여는 신랑 신부를 뒤로 하고 식사를 마친 우리는 근처 카페로 옮겼다. 언제나 주례를 서면 그랬지만, 나는 좀 흥분하였고 맥주를 한두 잔 마시면서 아이들의 근황을 더 알고 싶었던 것이다.

정신이는 이름 있는 국문학자의 며느리가 되어서 초등학생들을 위한 국어사전을 편찬하고 있었고, 순정이는 중문학과를 나와 무역회사에 근무하다가 영어 선생이 되겠다고 대학원에 다니고 있었다. 아연이는 상계동 근처 병원 물리치료실에서 일하는데, 그 병원 사람과 결혼하겠단다. 이야기를 나누다 혜정이가 흘린 말이 기억나서 불쑥 물었다.

"너희들 녹색운동을 함께 한다고?"

다들 그렇단다.

'인간 중심의 환경운동보다 한 발 더 나가 자연과 함께 사는 녹색

운동에 참여한다니…….'

갑자기 신통한 생각이 들어 나는 그 애들을 꼬드겨서 야외로 나가자고 했다. 아이들, 아니 제철이 좀 지난 개똥참외 같은 노처녀들도 선뜻 따라나섰다. 우리는 정신이의 빨간 승용차를 타고 양수리, 그러니까 다산 정약용 생가가 있는 능내로 향했다. 그것은,

"선생님, 중신 좀 해 주세요."

하고 순정이가 느닷없이 조른 탓도 있지만, 그러니까 옛날 학급회의 시간에 너덧 번쯤은 일어나서 불쑥불쑥 무엇을 비판하거나, 대들었던 것처럼, 제 속을 다 털어놓는 순정이가 몹시 귀여운 탓이기도 했다. 아니, 아직 짝이 없는 순정이, 야생 엉겅퀴 같은 노처녀가 측은했는지도 모른다.

"너 옛날에 나한테 손바닥 많이 맞았지?"

"언제나 다른 아이들보다 두 대는 더 맞았어요!"

순정이는 그처럼 내가 자기를 예뻐해서 그랬다는 줄도 아는 총명한 소녀였다. 앵두를 따 먹다 들켜 괴물 담임이던 내가 '마적단' 이란 별명을 붙인 개구쟁이들, 그중에도 순정이는 유난히 돌발적인 소녀였지만, 다행인지 불행인지 〈삼국지〉의 장비처럼 일어서 있던 길고 진한 눈썹도 곱게 처리했고, 부츠를 신고 있었다. 키가 별로 크지 않았던 것이다.

"아빠가 시집가라고 소리를 한번 '꽥' 지르면서 화를 내더니, 그 다음부터는 아무 말씀 안 해요."

불현듯 이 노처녀들의 소녀 시절이 기억나기 시작했다. 빨간 차 속에서 옛날을 더듬어 나갔다. 그러니까 내가 담임한 순정이, 그리고 국

어를 가르친 정신이, 혜정이와 아연이, 또 그 애들의 선배이면서 지금은 한 울 안의 여고 국어 선생인 영현이, 그 외에도 화숙, 윤숙, 수정, 미영 등 7,8명의 교지 편집반 아이들을 데리고 안동으로 이육사 시인을 탐방하러 떠났던 것이다.

여름방학이 시작되자마자 시골 학교에서 갓 전근 온 장익성 선생과 함께 청량리역에 모였다.

"선생님, 방송 들었어요? 철도 노조가 파업을 한대요."

"글쎄…… 기다려 봅시다."

대통령 직선제를 얻어내 다들 힘이 났던 그 무렵, 그러니까 1988년 일이었다. 다행히 열차는 운행했다. 우리는 시끌벅적 들뜬 아이들과 함께 안동역에 내려 다시 시내버스를 타고 먼저 이육사 시비가 서 있는 낙동강 가에 갔다. 비까지 부슬부슬 내렸다. 우비를 둘러쓰고 강가에 섰다. 시비엔 강력한 무장 독립운동 단체였던 의열단원 이육사의 〈광야〉가 새겨져 있어 가슴이 뿌듯이 벅차올랐다.

> 까마득하던 날에 / 하늘이 처음 열리고 / 어디 닭 우는 소리가 들렸으랴 …… 다시 천고의 뒤로 / 백마 타고 오는 초인이 있어 / 이 광야에서 목 놓아 부르게 하리라.

우리들은 시비 뒤로 세워진 아담한 민속촌이랑 구경한 뒤에 시내버스를 타고 저물녘에야 하회 마을로 들어가 하얀 백지를 새끼줄에 동여맨 거대한 느티나무 앞에 섰다.

"저게 삼신할머니 나무란다. 여자들이 가장 무서워하는 여신이었단다. 곰보를 만드는 마마 여신 다음으로 말이다."

궁금히 여기면서 눈을 똥그랗게 뜨는, 예쁘고 귀여운 아이들에게 그 이유를 설명하면서 우리들은 허름한 기와집에 민박을 들었다. 지금이야 버스나 자가용을 타고 왁자지껄 떼로 몰려가지만, 그때는 여관도 없어 민박집에서 코펠에 밥을 손수 해 먹던 시절이었다. 마을도 지금처럼 상업적으로 번지르르하지 않았고, 사람들도 우리들 말고는 거의 없는 듯싶었다. 그만큼 한적했다.

민박집 주인은 풍산 류씨 집안의 중년 사내였다. 우리가 하회 별신굿을 할 때 신탁을 모셔 온다는 산당山堂을 묻자, 동편 산 쪽을 가리키면서 슬그머니,

"예전엔 하대下待를 하던 사람들인데……."

라고 은근히 못마땅한 표정으로 산주山主가 사는 초가집을 가르쳐 주었다. 그처럼 예전에 양반들은 하회 마을과 풍산 벌판 드넓은 논에서 소작하던 농민들을 무척 깔보면서 부려먹었을 것이다.

"그런데 그 멸시 당하던 상것들의 탈춤에 관심을 보이니, 양반 후손들 밸이 좀 꼴리는 거 아니겠어요, 장 선생님?"

아이들도 들으라면서 빈정거리는 내 말이었다. 하회 마을에서 떵떵거리던 양반들, 500년이 더 지난 지금엔 적어도 우리 탐험가들에게겐 그들이 탈춤을 추던 농민들보다 하대 받고 있었다. 그래도 우리가 빌린 그 예전 양반집 천정엔 조 이삭과 실타래, 그리고 백지로 묘한 부적까지 붙여 놓은 것을 보고 나는 빙긋 웃고 말았다. 어쨌건 하회 마을은 퇴락하여 기와를 얹은 담장에서 검붉은 흙이 드러나고 있었지

만, 그래도 옛 것을 지켜 온 미덕이 있었다. 특히 우리들이 찾는 여신들까지도…….

다음날 우리는 밀림을 탐험하듯이 상당上堂에 모셨다는 여신의 당집을 찾아 나섰다.

대학에서 서정범 교수에게 무속을 배운 바 있는 장 선생도 흥미가 있는지 나와 대화가 잘 통했다. 풍산 류씨 어마어마한 기와집에 비해 산주의 집은 그야말로 볼품없는 초가삼간이었다. 산주는 별신굿의 우두머리로 상당에서 신탁을 받아오던 사람이었다.

"봐라. 저 둘러친 백지들과 촛불 흔적인 촛농을…… 얼마 전에도 누군가 와서 치성을 드린 거다."

소나무로 우거진 야산 중턱을 헤맨 끝에 마침내 발견한 상당은 조그맣고 낡은 초당草堂이었다. 지붕도 새로 이지 않았고 기둥도 낡았다. 그런데 이곳 여신이 하회 마을의 삼신할머니나 부군당府君堂에 모신다는 남신들보다 무섭고 영험이 있다는 것이었다. 특히 별신別神굿은 마을에 미친 사람이 나타나거나, 돌림병이 돌거나, 혹은 부모를 살해하던지 근친상간 등 삼강오륜을 크게 흔들어 놓은 사람이 출현했을 때 치르던 특별한 마을 굿이었다.

"딸랑딸랑, 딸, 랑, 딸, 랑…… 잘라 온 소나무 끝에 방울을 달아 여신의 신탁을 받았단다. 이어서 한 많은 여신의 혼령을 장군들을 모신 부군당에 데리고 가서 영혼결혼식을 시켰다는구나."

그 다음은 아이들이 상상하거나 추측하도록 내버려 둘 수밖에 없었다, 아직 어리니까. 그러니까 나는 탈방에서 하회탈을 만들던 허 도령이 벼락 맞아 죽었다고 위장시킨 양반들의 허위의식을 소녀들에게 이야기할 수는 없었던 것이다. 금기를 어긴 열다섯 살 의성 김씨 여인을 죽였거나, 아니면 따돌림해서 평생 수절하게 만들었다는 전설을 아직 어린 소녀들에게 주장할 수는 없었던 것이다.

"허 도령과 불륜 같은 짓을 저질러 평생 수절시킨 것이 아닐까요? 그래서 죽은 뒤 한 많은 여인의 영혼을 위로해 주려고 초당을 짓고 제사를 지내다 보니 어느 새 여신이 되었던 것이 아니겠어요? 한의 대장격인 무당이 불행한 여인들의 한을 풀어 주듯이 말입니다."

내가 산 아래 부군당으로 내려가면서 장 선생과 나눈 말이었다. 부군당은 신갈나무, 상수리나무 등 늙은 참나무 몇 그루가 서 있는 것으로 보아 근처 류씨 집안의 큼직한 무덤들을 둘러싼 소나무들보다 나이가 더 들어 보였다. 우리 무속이 양반들이 섬기던 공자님보다 더 역사가 길 듯이 말이다.

"여기서 결혼을 시킨 뒤 마을의 느티나무 시어머니와 화해를 시켜 마을에 닥친 불행, 그러니까 액을 물리쳤던 거야."

그리고 마을 곳곳마다 풍물을 치면서 마음을 정화시켰을 것이다. 그리고 그날 꼭 하루 동안만 양반들은 자기들을 모욕하는 탈춤을 허락했다. 바로 그게 하회 탈춤이었다.

우리는 탈 박물관을 둘러보거나 하회 탈춤 공연을 볼 수가 없었다. 그때는 그런 공연 마당도 없었지만, 그것보다 시간이 없었다. 그날 버스를 타고 도산서원, 농암 이현보를 보고, 풍기로 가서 하룻밤 허름한 여인숙에 여장을 풀었다.

"아, 저기 핀 접시꽃 생각나니? 옛날 하회 마을에 저 빨간 꽃이 피

메소포타미아의 사랑의 여신 이슈타르가 전쟁의 여신으로 돌변하는 의미를 곰곰 되새겼다. 행복과 불행은 자매 사이가 아니겠는가. 요술쟁이가 빚어내는 마법 같은…….

어 있었는데…….”

어느덧 능내에 도착했다. 그래서 내가 음식점 안에 핀 접시꽃을 가리켜도 의외로 아이들은 전연 기억에 없는 모양이었다. 마침 가는 날이 장날이라고 능내에서는 다산 정약용 축제가 열리는 날이라 사람들이 들끓어 주차할 곳을 고민해야 할 정도였다.

예전에 문예반 아이들과 함께 능내에 참 자주 왔었다. 기차를 타고 능내역에서 내려 한 시간 남짓 걸어가다 보면 길에 빨간 고추도 말리고, 노란 마타리꽃도, 하얀 갈대도 흔들리고, 쑥부쟁이 가냘픈 꽃도 고개를 숙이곤 하여 가을 정취를 흠씬 누리곤 했다.

'그때가 참 좋았는데…….'

한데 오늘은 날씨가 몹시 더웠다. 주례를 서느라고 새로 사 입은 양복을 벗었다. 긴팔 와이셔츠도 끈적거렸지만, 구두도 불편했다. 나는 아이들에게 아이스크림 하나씩을 사 주고 나도 먹으면서 마른 목을 축였다. 그 옛날 학창 시절처럼 아이들은 나를 따라 어느덧 다산 묘소 입구에 다다랐다.

"이 돌 좀 보아라. 다산의 호인 여유당與猶堂이라고 새겼는데, 정일권의 이름을 누군가 돌로 쫀 흔적이 지금도 남아 있구나."

박정희 대통령이 집권할 당시 다산 정약용과 종씨인 국무총리 정일권이 다산의 당호를 자연석에 새겼는데, 그걸 못마땅하다고 여긴 누가 돌로 저항했던 것이다. 그처럼 예전에 아이들을 가르친 기억이 생생하게 되살아났다. 암행어사 정약용, 수탈에 견디다 못 해 자기 생식기를 자른 농민을 소재로 쓴 시 〈애절양〉, 강진 바닷가에서 지낸 17년의 귀양살이, 그리고 《목민심서》 등 수많은 저서들이 떠올랐다.

묘소에서 바라보는 양수리 가을 호수는 풍산벌 너른 들판처럼 풍성하면서 드넓었다.

그처럼 아이들과 함께 언덕의 다산 무덤이랑 기념관을 구경하고, 능내의 너른 강변에서 정든 감나무 집을 어슬렁거리다가 차를 타고 떠났는데, 어느덧 날이 저물고 있었다. 거기에 정신이는 아무래도 운전이 서투른 것 같았다. 순정이와 아연이도 정신이가 초보인 모양이라는 생각을 하는데, 마침 차가 밀렸다. 술시戌時여서 그런지 술 생각이 났다.

"이처럼 길이 막히면 내려서 저녁을 먹는 거야."

마침 잘되었다 싶어서 능내를 빠져나와 팔당 근처에 오면서 나는 아이들을 끌고 한식집으로 들어갔다. 산채 한정식에 동동주를 한 사발씩을 마시고 밖으로 나오니 마침 보름이었는지 산 위로 둥글고 큼지막한 달이 떴다. 그런 둥두렷한 달을 보라는 듯 만들어 놓은 동산의 나무의자에 앉아 불꽃 튀는 장작 불길에 얼굴을 붉게 익히면서 커피한 잔씩을 마셨다.

"참, 좋구나! 달밤에 보니 아연이는 얼굴이 품위 있는 귀부인감이로구나."

어린 사진작가이던 아연이는 교수의 딸이라고 들었다. 보름달 같은 얼굴, 그리고 잘 익은 수박 속처럼 성품이 좋아 보였다.

"순정아, 남자들 중에는 사랑을 마음속에 간직할 뿐, 고백을 못하는 숙맥들이 있단다. 네 주변에서 늘 얼씬거리는 남자가 바로 그런 놈이니 네가 낚아채야 하는 거야."

"……."

순정이는 그냥 웃기만 했다. 나는 그런 순정이를 보면서 내색은 안했지만 측은한 생각이 들었다.

'요즘 같은 세상에 하회의 김씨처럼 한스러운 여인들이 있을까마는, 그래도 짝이 없는 순정이가 여신이 될지도 모르겠다.'는 생각을 했던 것이다. 새침하고, 취꽃 향기처럼 예쁜 정신이는 야무져서 시집을 잘 간 편이다. 이름 있는 국문학자의 며느리가 되었다니……. 헌데 순정이는…….

이런 저런 생각에 싱숭생숭했다.

'보름달이 뜬 탓이겠지.'

그런 싱숭생숭한 달밤에 정신이의 빨강 차의 길안내를 하고 금곡의 우리 집에 돌아오면서 나는 얼마 전에 본 텔레비전 방송이 생각났다. 무덤 근처에서 귀신들이 자주 출몰하는 것은 비석의 자철광磁鐵鑛 때문이라는 것, 그러니까 자기장磁氣場의 영향으로 우리들의 잠재의식 속에 숨어 있던 자신의 귀신이 나타난다는 그 말이었다. 그때 번개처럼 하회 여신의 상당에 흔하던 붉은 돌이 떠올랐다. 붉은 돌 속엔 철 성분이 많으니, 귀신이 더 잘 출현하지 않겠는가.

'양반들의 죄의식 때문일지도 모른다. 그 붉은 돌투성이의 상당에 귀신이 자주 출몰하자 하는 수 없이 제각을 세우고 용서를 빌었겠지…… 인간이 뭐 별 건가? 근본은 다들 비슷하지.'

그때 나는 여신이란 인간의 깊은 비밀을 엿보거나, 아니면 지겨운 윤리를 깨고, 혹은 시대를 뛰어넘은 탓으로 어쩌면 지극히 불행했던 사람이란 생각을 했다. 그리고 불현듯,

'유럽의 성당에서도 신부神父들만이 소유한 독점적인 약초의 비밀을 아는 여자를 마녀로 몰아 화형에 처한 일이 흔했다.'

라고 놀랄 만한 비밀을 밝힌 유럽의 어떤 신화학자의 말이 기억 속에서 떠올랐다. 그러면서 나는 팔자가 센 여인들을 생각해 보았다. 남편이 병사하여 혼자 사는 여자들, '한밤중 호랭이띠' 라고 닭띠 남편과는 못 산다고 집을 나가 떠도는 여자들, 또는 남편을 독살하고 감옥에

서 사는 여자들, 화류계 여자들이나 첩과 광대들, 계모들, 불에 타 죽거나 교통사고를 당한 여자들의 불행과 고독과 눈물과 한을 생각했던 것이다.

그리고 나는 메소포타미아의 사랑의 여신 이슈타르가 전쟁의 여신으로 돌변하기도 하는 의미를 곰곰 되새겼다. 행복과 불행은 자매 사이가 아니겠는가. 요술쟁이가 빚어내는 마법 같은…….

범띠팔자

옻나무 단풍이 섬뜩한 가을에 기맥힌 바람 재채기로 혼자서 시들어지게 한을 푸는 년이로고만

말이 빨라 잔바람
혼자 잘나 부채질
총총걸음 역마살驛馬煞
제 몸 추는 추임새

기氣가 센 회오리바람이어서 싸,가,지,없,이, 고웁게 비탈산 허리를 오르는 골바람들 두둘겨 억새풀 머리채 휘어잡고서 개미취 두릅나무 고사리 도르르 말린 새순이나 싹,통,머,리,없,이, 다치게 했고만

서방 잡아먹을 뻔한 한밤중 호랭이 떠로고만

괜스레 수탉의 부리가 짧다고 노상 씨부렁거리더니, 민들레 꽃씨 타고 산들산들 예수나 믿으러 다니더니, 계룡산鷄龍山 깊은 산중 고목 나무 밑에서 까치와 눈도 못 맞추는 호랭이 주제에 한물지는 오줌 꿈이나 꾸는가

득음得音할 목청이랑 가다듬을 나이 아닌가

눈길도 늦추고 내뱉은 것들 복福조리에 거둬들일 나이에 건져 올리는 것은 성질 사나운 쇠부스러기나 새금파리 조각이면서, 흉살凶煞, 상극相剋 상충相衝이어서 이별수離別數라고, 말이 씨가 된 줄도 모르고 노상 씨부렁거려 쌓는고만

부록

내가 꿈꾸는 푸른 느낌학교

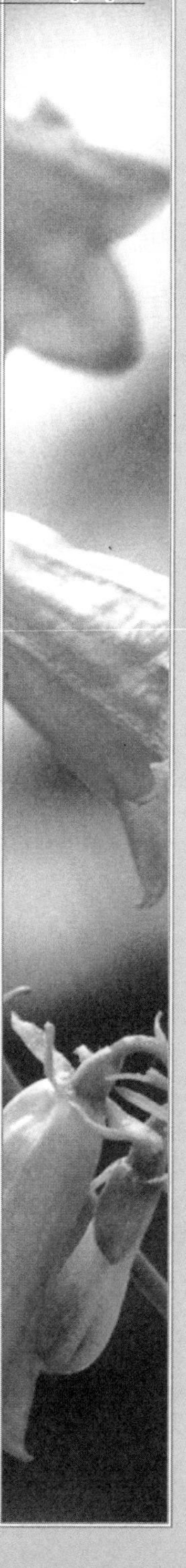

내가 꿈꾸는 푸른 느낌학교

1. 대안적인 삶

대안代案이란 어떤 문제점에 대신할 만한 생각이다. 우리나라에서는 1980년대 말에 참교육, 대안학교 등을 통해서 알려졌는데, 외환위기와 맞물려서 점차 대안적인 삶의 개념으로 확대되었다.

대안교육은 원래 루소, 페스탈로치, 듀이 등에서 시작되었으며, 그들은 교육의 중심에 인위성보다 자연성과 자발성, 아동, 노작활동을 두었다. 특히 루소는 《참회록》, 《에밀》 등 급진적인 서적으로 프랑스혁명에 불을 붙인 사람이니, 자유, 평등, 정의를 바탕으로 하는 근대 민주주의 교육의 개척자로 볼 수 있다. 하지만,

"석가도 웰빙족이라고요?"

라는 광고처럼 진정한 대안교육 사상가는 종교개혁자들이다. 피타고라스는 그리스의 종교에 반대하여 도시 근교에서 사유재산이 없는 공동체 마을을 만들어 채식주의와 검소한 생활을 하면서 수학과 천문학, 음악 등을 연구하면서 본질적인 삶을 추구했다. 힌두교의 계급주의와 권력을 배척하고 현실적인 욕망을 버린 석가는 고통과 불행의 원인을 파악하고 이를 극복하여 참다운 자유를 제시했다. 칼은 칼로 이빨은 이빨로 복수하던 고대 유대의 율법을 거부한 예수는 용서와 사랑, 내면의 개척, 부활의 길을 열어 영원히 사는 법을 깨우쳐 주었다.

햇볕을 쬐고 싶다면서 권력과 돈과 여자 등 알렉산더의 유혹을 뿌리친 디오게네스가 허름한 통 속에 살면서 대낮에 등불을 켜고 지혜로운 사람을 찾았던 것을 보면 그를 쾌락주의라고 볼 수만은 없다. 인생은 짧으니 마음껏 쾌락을 누리면서 하고 싶은 것을 하며 건강하게 오래 살자는 웰빙은 인류 역사에서 보통사람들이 반복해 온 삶이다. 하지만 욕망은 밑 빠진 항아리이고, 마음의 정체를 파악한 사람의 눈으로 보면 쾌락이란 헛된 것이다.

"솔로몬의 영광이 한갓 풀꽃보다 더하더냐?"

라고 이미 2000년 전에 예수가 말하지 않았던가. 그리고 범신론적인 사상 때문에 파문을 당한 유대의 철학자 스피노자는 예루살렘대학교 총장 대신 스위스에서 안경

알을 닦으면서 고독하게 살았지만, 총장보다 훨씬 더 유명해져서 인간의 진정한 웰빙이 무엇인지 암시해 주고 있다.

2. 대안학교의 이상

최근 우리 사회에 번지고 있는 잘 살자는 웰빙은 원래 1990년대에 유럽에서 유행한 운동인데, 에이즈, 암 등 현대의학으로 치유할 수 없는 질병을 인도, 아라비아, 중국, 마야 등 고대문명의 의학지식을 이용해 치료해 보자는 데서 출발했다. 특히 웰빙은 인도의 아유르베다, 즉 100살까지 사는 지혜를 본받았는데, 인도인들은 아유르베다를 육체, 정신, 영혼의 조화를 이상으로 했다.

한마디로 대안학교는 전인교육으로 건강한 육체, 탁월한 정신, 깊은 영혼의 소유자를 만들자는 것이다. 그리하여 대안학교는 대규모학교 대신 작은 학교, 지식보다 산교육, 통제보다 자율, 그리고 자기 주도적으로 탐구력, 문제해결력, 통합적인 사고력을 기르면서 행복한 공동체를 이룩해 가면서 교육과 삶의 질을 높이려고 노력하고 있다. 작은 개미구멍이 둑을 무너뜨리듯이 작은 곳에서 역사적인 변화가 시작된다.

유명한 대안학교는 영국의 니일이 만든 섬머 힐, 독일의 슈타이너가 시작한 자유 발도르프 학교, 미국의 매트스쿨, 우리나라의 풀무학교, 간디학교, 하자학교 등이 있다.

그 외 톨스토이, 퀴리 부인, 헬렌 니어링, 윤구병 교수 같은 인물도 작은 학교를 만들어 대안적인 길을 제시했다. 그들은 가난한 자들을 가르치고, 민족을 구하고, 자녀를 훌륭하게 가르치고, 진정한 철학자의 길을 걸으면서 모든 인간의 해방과 영원한 자유를 꿈꾸었다.

이러한 학교와 인물들을 본받아 감성학교인 푸른 느낌학교는 다음과 골격을 세우게 되었다.

푸른 느낌학교의 철학

1) 대안적인 삶을 연구하고 실천한다.
2) 근면, 검소, 단순, 순수, 봉사의 미덕을 간직한다.
3) 물질, 경쟁, 형식보다 정신, 협력, 내용을 중시한다.
4) 생명존중, 평화운동, 자연사랑, 환경보존 등을 추진한다.
5) 한국적인 정신, 문화, 생활을 계승 발전시킨다.

푸른 느낌학교의 모습

1) 학교 이름 : 푸른 느낌학교(가칭, 감성학교)
2) 학교상 : 빛을 나누는 사람
3) 학교 교육목표 : 예술을 익혀 감성을 기르고, 단전호흡 수련으로 잠재력을 개발하여 훌륭한(평범하면서도 위대한) 전인적 민주시민을 기른다.
4) 교훈 : 스스로
5) 학교 경영관 : 자유, 평등, 정의, 창조
6) 학교 정신 : 생명, 평화, 환경, 생태, 행복 공동체

푸른 느낌학교의 교육 방법

1) 전문적인 음악, 미술, 글쓰기 교육으로 감수성과 표현력을 기른다.
2) 창의적인 국어, 사회, 수학, 과학, 영어 학습방법으로 지성을 기른다.
3) 자연이 일깨워 주는 정서를 바탕으로 평범하면서 위대하게 사는 법을 가르친다.
4) 모든 사람, 모든 곳, 모든 사물을 교사와 학교로 여겨 자유롭고, 활발하고, 살아있는 수업을 한다.
5) 학생을 중심으로 개별적이고 집중적인 교육을 하며, 사고력, 탐구력, 문제해결력, 창의력을 길러 준다.
6) 하늘과 땅과 사람의 조화를 바탕으로 공동체 전체가 서로를 평가하고, 함께 격려하고, 이끌어 주는 평가를 한다.

3. 인간의 삶은 영원히 지속된다

현대인의 병폐는 삶이 일회적이라는 허무주의에서 출발하고 있다. 그래서 개인주의, 현실주의, 물질주의, 쾌락주의적인 삶을 추구하게 된다. 그것은 자연과학의 영향이 크겠지만 영혼을 소홀하게 여기는 사고방식도 작용했다. 하지만 영혼은 모든 종교와 삶의 기반이다. 왜냐하면 힌두교와 불교는 영혼의 윤회, 기독교와 이스람교는 영혼불멸, 우리 무속도 영혼의 존재를 바탕으로 건설되어 있으며, 이 영혼은 죽음의 문제와 직결되어 있기 때문이다. 또한 인류학자들이 지적하듯이 죽음의 의식에서 문화(특히 예술)가 발전되었는데, 이 죽음은 시간개념과 밀접한 관련성이 있다.

종교적인 안목으로 보면 기독교의 직선적인 시간개념도 그렇지만, 특히 힌두교나 불교, 혹은 도교의 순환적인 시간개념은 인간의 영혼을 고양시키고, 삶을 탕진하지 않고, 경건하고, 영원의 조화 속에 자기를 포함시켜서 근면, 성실, 소박, 단순, 절제, 사랑, 봉사 등 인류의 현인들이 제시한 삶의 원칙으로 살게 한다. 소위 대안적인 삶이 소중해지는 이유이다.

결국 순환적인 안목으로 본다면 인간의 삶은 자연 속에 영원히 존재하며, 역사적인 안목으로 본다면 이 세상에는 이름이 존재하며, 정신적인 안목으로 본다면 부활도 존재하니, 인생엔 보이지 않는 가치와 돈도 존재하는 법이다. 그래서 예수와 석가와 공자와 소크라테스는 인류의 대안적인 선생이 아니겠는가.

오산학교를 세운 남강 이승훈 선생은 자기 시신을 학교 생물실의 표본으로 사용하라고 내놓았지만 그는 지금도 살아 있고, 유관순은 삼일절에 계속 부활하고 있으며, 만해 한용운의 독립정신은 민족이 존재하는 한 영원할 것이다.

이 책의 그림을 그린 학생들

16쪽 그림 : 김지연

23쪽 그림 : 강민주

34쪽 그림 : 이진희

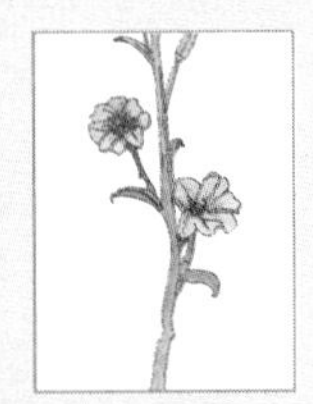

42쪽 그림 : 변영민

51쪽 그림 : 박세영

61쪽 그림 : 한샛별

71쪽 그림 : 여다견

81쪽 그림 : 윤혜진

91쪽 그림 : 권정현

99쪽 그림 : 조주영

112쪽 그림 : 박보영

122쪽 그림 : 김지희

129쪽 그림 : 원아름

141쪽 그림 : 김채린

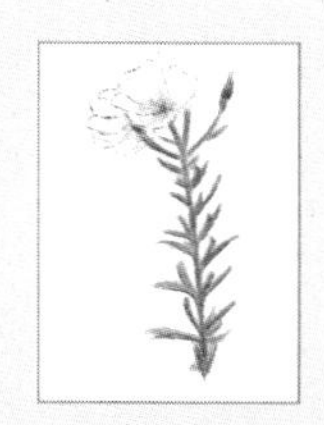
151쪽 그림 : 홍수영

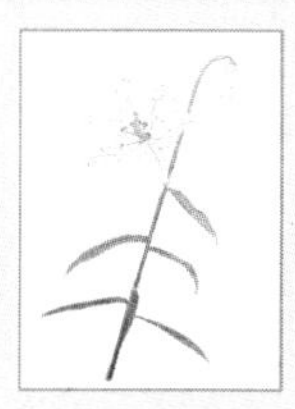
170쪽 그림 : 이우민

182쪽 그림 : 김연수

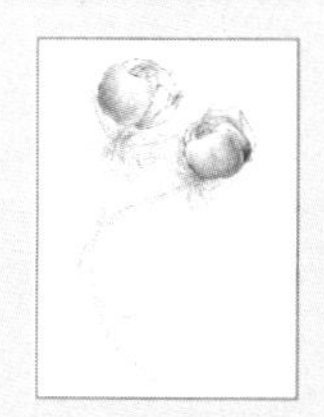
159쪽 그림 : 이민주

196쪽 그림 : 정진영

205쪽 그림 : 방소현

213쪽 그림 : 김하나

223쪽 그림 : 김지현

235쪽 그림 : 박세나

245쪽 그림 : 이지연

256쪽 그림 : 김하린